Victor Hugo

Die Meer-Arbeiter

Roman

Victor Hugo

Die Meer-Arbeiter
Roman

ISBN/EAN: 9783743444690

Hergestellt in Europa, USA, Kanada, Australien, Japan

Cover: Foto ©ninafisch / pixelio.de

Manufactured and distributed by brebook publishing software (www.brebook.com)

Victor Hugo

Die Meer-Arbeiter

Die Meer-Arbeiter.

Roman
von
Victor Hugo.

Aus dem Französischen.

Einzig rechtmäßige deutsche Original-Ausgabe für die Zollvereins-Staaten.

Erster Band.

Jeder widerrechtliche Nachdruck wird strafrechtlich verfolgt werden.

Berlin, 1866.
Druck und Verlag von Otto Janke.

Ich widme dieses Buch dem gaſtlichen und freien Felſen, jenem Winkel alter Normanniſcher Erde, dem Wohnſitz des edlen kleinen Meervolks, der Inſel Guerneſey, jenem ernſten und doch ſo milden Eiland, das, gegenwärtig meine Zuflucht, wahrſcheinlich der= einſt mein Grab ſein wird.

V. H.

Die Religion, die Gesellschaft, die Natur — das sind die drei Mächte, mit denen der Mensch zu ringen hat. Diese drei ihm feindlichen Mächte sind zugleich seine drei Bedürfnisse. Er muß glauben — daher der Tempel; er muß schaffen — daher die Gemeinde; er muß leben — daher der Pflug und das Schiff. Diese drei Lösungen aber umfassen drei Kämpfe. Diese drei zusammen bilden die schwere Aufgabe des Lebens. Die Gegner, mit denen der Mensch es zu thun hat, sind: der Aberglaube, das Vorurtheil und die Elemente. Eine dreifache „Ananke" lastet auf uns: die zwingende Noth der Dogmen, die der Gesetze und der Dinge. In „Notre Dame de Paris" hat der Verfasser die erste enthüllt; in den

„Armen und Elenden" hat er die zweite gezeichnet; in diesem Buche schildert er die dritte.

Zu diesen drei Schicksalsmächten, die den Men= schen von außen bedrängen, gesellt sich die in ihm wohnende Schicksalsmacht, die höchste „Ananke," das menschliche Herz.

Erster Theil.

Herr Clubin.

Erstes Buch.

Worauf ein schlechter Ruf sich gründet.

Erstes Capitel.

Ein Wort, geschrieben auf ein weißes Blatt.

Der Weihnachtstag des Jahres 182* zeichnete sich zu Guernesey durch ein ganz unerhörtes Factum aus: Es schneite an diesem Tage. Auf den Inseln des Canals ist Eis eine Merkwürdigkeit und Schnee ein Ereigniß.

An diesem Christmorgen war der Weg am Ufer des St. Patrikhafens ganz weiß. Es hatte von Mitternacht bis gegen Morgen geschneit. Bald nach Sonnenaufgang, etwa um die neunte Stunde, um welche Zeit die Anglikaner noch nicht in die Kirche von St. Sampson und die Wesleyaner noch nicht nach der Kapelle Eldad zu wandern pflegen, war der Weg am Ufer noch fast menschenleer. Auf der ganzen

1*

Strecke, welche die Thürme beider Kirchen von einander scheidet, befanden sich nur drei Wanderer, ein
Kind, ein Mann und ein Weib. Jeder Einzelne
dieser Fußgänger schritt, getrennt von den Uebrigen,
einsam seines Weges dahin; kein sichtbares Band
vereinigte sie. Das Kind, welches ungefähr acht
Jahre zählen mochte, war stehen geblieben, und beobachtete mit Neugier den Schnee. Der Mann ging
in einer Entfernung von ungefähr hundert Schritten
hinter der Frau her und verfolgte gleich ihr, den
Weg nach Saint-Sampson. Er war noch jung; sein
Aeußeres verrieth einen Arbeiter oder Matrosen. Er
trug seinen Werktagsanzug, einen Kittel von grobem
Tuch und ein nach unten betheertes Beinkleid, was
anzudeuten schien, daß er ungeachtet des Festtages in
keine Kirche zu gehen beabsichtigte. Seine schweren
Schuhe waren von rohem Leder, mit dicken eisernen
Nägeln beschlagen; sie hinterließen im Schnee Spuren,
welche eher einem Gefängnißschlosse, als den Fußtapfen eines Menschen glichen. Die weibliche Fuß-
gängerin hatte eine sorgfältigere Toilette gemacht; sie
trug ersichtlich ihren Sonntags-Staat, welcher aus

einem weiten wattirten schwarz seidenen Mantel be=
stand, der ein sehr kokettes Kleid von irischem Po=
pelin mit rosa und weißen Falbelas in seine reichen
Falten hüllte. Hätte sie nicht rothe Strümpfe ge=
tragen, so hätte man sie für eine Pariserin halten
können. Sie schritt mit jenem leichten und elastischen
Gang eines jungen Mädchens dahin, dem das Leben
noch keine Bürde ist. Ihre Haltung besaß jene flüch=
tige Grazie, die der zartesten Uebergangsperiode eigen
ist, welche zwei Dämmerungen, die der endenden Kind=
heit und der beginnenden Jungfräulichkeit mit einander
verbindet. Der männliche Wanderer hatte für Alles
dieses keine Augen.

Als sie jedoch, in der Nähe eines Eichengebüsches,
den ein Hanffeld begrenzte, an einem Orte ange=
kommen war, welchen man „die niedrigen Häuser"
nannte, wandte sie sich um, und nun sah ihr der
Mann in's Angesicht. Sie blieb stehen, schien ihn
einen Augenblick zu beobachten, und er glaubte zu be=
merken, daß sie mit dem Finger etwas in den Schnee
schrieb. Dann erhob sie sich schnell, verdoppelte ihre
Schritte, sah sich nochmals um, lächelte, und ver=

schwand dann links hinter den Hecken, welche den Weg
begränzen, der nach dem Schlosse von Lierre führt.
Als sie sich zum zweiten Mal umgewendet hatte,
erkannte sie der Mann: es war Deruchette, ein rei-
zendes Landmädchen.

Er fühlte nicht das geringste Bedürfniß, seinen
Schritt zu beschleunigen; einige Augenblicke später
erreichte er den Eichenbusch am Winkel des Hanf-
feldes. Er dachte schon nicht mehr an Diejenige,
welche soeben diese Stelle verlassen, und es ist sehr
wahrscheinlich, daß, wenn in diesem Moment ein
Delphin aus dem Meer hervorgetaucht, oder ein
Rothkehlchen im Busch gesungen hätte, er das Auge
auf den kleinen Vogel oder den Fisch gerichtet haben
würde. Zufällig hatte er in diesem Augenblick
die Wimper gesenkt, und so kam es, daß unwillkürlich sein Blick an jener Stelle haftete, auf
welcher das junge Mädchen stehen geblieben war.
Zwei kleine Fußspuren bezeichneten dieselbe, und daneben las der Wanderer das in den Schnee geschriebene Wort „Gilliatt.“

Es war sein Name.

Er hieß Gilliatt.

Lange blieb er regungslos auf dieser Stelle stehen, betrachtete die Schrift, sowie die in den Schnee eingedrückten kleinen Fußspuren, und ging dann gedankenvoll weiter.

———

Zweites Capitel.

Das Gespensterhaus.

Gilliatt wohnte in der Pfarrei von Saint=
Sampson. Er war dort nicht beliebt. Das hatte
seine Gründe.

Erstens bewohnte er ein Haus, in dem es nicht
geheuer war. Dem, welcher die Gegend von Jersey
und Guernsey besucht, begegnet es wohl leicht, daß
ihm auf dem Lande, in der Stadt, in irgend einem
einsamen Winkel, oder auch in einer belebten Straße,
ein Haus auffällt, dessen Eingang verbarrikadirt ist.
Stechpalmen und Dorngestrüpp versperren die Thür;
mit Nägeln beschlagene Bretter bedecken wie häßliche
Pflaster die Fenster des Erdgeschosses. Die des oberen
Stockwerks sind zugleich geschlossen und geöffnet; die

Rahmen der Fenster nämlich sind alle sorgfältig ver-
riegelt, die Scheiben jedoch sämmtlich zerbrochen.
Wenn solch ein Haus einen Hof hat, wächst fuß-
hohes Gras darin; hat es zufällig auch einen Garten,
so kann man sich darauf verlassen, daß in demselben
eine Fülle von Unkraut, Brennnesseln, Dornen und
Schierling wuchert, und man kann darin die Bekanntschaft vieler seltener Insecten machen. Im Innern aber
ist das Haus zerfallen; die Schornsteine sind ge-
borsten, die Dächer schadhaft, die Balken verfaulen,
die Steine verschimmeln, die Tapeten der Zimmer
hängen in Fetzen von den entblößten Mauern herab.
Man kann auf diesen Fetzen die wechselnden
Moden der verschiedenen Epochen studiren. Man
findet auf ihnen die Greife des Kaiserreiches, die
bogenartigen Draperien des Directoriums, wie die
Geländer und Halbsäulen, welche den Geschmack
des Zeitalters Ludwig XVI. kennzeichneten. Die
dichten Spinnengewebe mit ihrer Menge von Flie-
genleichen lassen auf den tiefsten Frieden, die un-
gestörteste Ruhe dieser fleißigen Arbeiterinnen schließen. Hie und da bemerkt man einen zerbrochenen

Topf auf einem Brett. Von solchen Häusern sagt
man, es spuke darin, und der Teufel treibe dort
allnächtlich sein Wesen.

Ein Haus kann, wie der Mensch, eine Leiche
werden. Der Aberglaube vermag es zu tödten.
Dann ist es ein Gegenstand des Grauens. Diese
todten Häuser sind nicht selten auf den Inseln des
Canals.

Die Land= und Seeleute verstehen, was den
Teufel betrifft, keinen Spaß. Die vom Canal, dem
englischen Archipelagus und der französischen Küste
haben ihre ganz bestimmten Vorstellungen von ihm.
Der Teufel hat nach ihrer Meinung seine Abgesandten
in allen Weltgegenden. Belphegor ist sein Gesandter
in Frankreich, Hutgin in Italien, Belial in der Türkei,
Thamuß in Spanien, Martinet in der Schweiz und
Mammon in England. Satan ist so gut Kaiser wie ein
Anderer. Satan=Cäsar! Er macht ein großes Haus.
Dagon ist Groß=Bannerträger, Succor Benoth das
Haupt der Eunuchen, Asmodeus der Chef der Spielban=
ken, Kobal Theater=Director und Verdelet Groß=Cere=
monienmeister; Nybbas ist der Hofnarr; Wiérus,

ein ausgezeichneter Gelehrter, guter Vampyrkenner
und wohlunterrichteter Dämonograph, nennt Nybbas
„den großen Parodisten."

Die Fischer der Normandie sind auf offner See
sehr auf ihrer Hut vor den Blendwerken des Teufels.
Man war lange Zeit der Meinung, daß der heilige
Maclou den großen viereckigen Felsen Ortach be=
wohne, welcher sich zwischen Aurigny und den
Klippen von Gers befindet, und viele alte Matrosen
versichern, ihn oft auf diesem Felsen sitzend und in
einem Buche lesend gesehen zu haben. Vorüberfah=
rende Schiffer versäumten es daher auch niemals,
vor dieser Steinmasse andächtig ihr Knie zu beugen,
bis die Alles besiegende Wahrheit auch diese Sage ver=
drängte. Man hat seitdem die Entdeckung gemacht,
daß der Bewohner des Felsens Ortach kein Heiliger,
sondern ein Teufel sei. Dieser Teufel, mit Namen
Jochmus, hatte sich arglistiger Weise mehrere Jahr=
hunderte hindurch für den heiligen Maclou ausgege=
ben. Solche Irrthümer kommen vor; ist doch die
Kirche selber zuweilen darin befangen. Die Teufel
Raguhel, Oribel, Tobiel waren Heilige bis zu dem

Jahre 745, wo der Papst Zacharias ihre Teufelei gewittert und sie ausgetrieben. Um solche Austreibungen vornehmen zu können, welche sicherlich sehr nützlich sind, muß man in der Teufelei sehr bewandert sein.

Die alten Landleute erzählen — jedoch gehören diese Thatsachen der Vergangenheit an — daß die katholische Bevölkerung des normännischen Archipelagus, obgleich gegen ihren Willen, mit dem Bösen in engerer Verbindung stand, als die Hugenotten. Warum? wissen wir nicht. Sicher ist, daß diese Minorität ehemals vom Bösen sehr geplagt wurde. Der Teufel hatte die Katholiken in ganz besondere Affection genommen, und zog ihren Umgang dem der Hugenotten vor, was für die Wahrscheinlichkeit spricht, daß der Teufel eher Katholik als Protestant ist. Zu den unerträglichsten Vertraulichkeiten, welche er sich herausnahm, gehörten die nächtlichen Besuche, die er katholischen Eheleuten in dem Augenblick, wo der Mann schon ganz, die Frau jedoch erst halb eingeschlafen war, abstattete. Daher die vielfachen Mißgeburten. Patrouillet erklärte Voltaire's Entstehung

auf diese Weise. Diese Meinung ist nicht ganz un=
wahrscheinlich. Ein solcher Fall ist übrigens ganz
bekannt und in den Beschwörungsformeln unter der
Rubrik: de erroribus nocturnis et de semine
diabolorum beschrieben. Er wurde zu St. Helier
mit ganz besonderer Strenge behandelt; wahrschein=
lich zur Strafe für die Sünden der Revolution. Die
Folgen der revolutionairen Frevel sind unberechen=
bar. Wie dem aber auch sein mag, die Möglichkeit
eines nächtlichen Besuchs vom Teufel machte vielen
rechtgläubigen Frauen großen Kummer. Es ist frei=
lich nicht angenehm, einen Voltaire zur Welt zu
bringen. Eine dieser Frauen erkundigte sich in ihrer
Herzensangst bei ihrem Beichtiger nach einem Mittel,
noch bei Zeiten dem Unfug dieser Verwechselung zu
steuern. Der Beichtvater antwortete: Wenn Ihr
wissen wollt, ob Ihr es mit Eurem Manne oder
mit dem Teufel zu thun habt, so dürft Ihr ihn nur
an die Stirn fassen; fühlt Ihr dort Hörner, so
könnt Ihr sicher sein, daß . . . . Was denn?
fragte die Frau.

Das Haus, welches Gilliatt bewohnte, gehörte

ehemals zu denen, in welchen es spukte. Jetzt zwar
stand es nicht mehr in dem Ruf, allein gerade des=
halb war es um so verdächtiger. Es herrschte kein
Zweifel, daß, wenn in einem Haus, in welchem es
spukte, ein Hexenmeister wohne, der Teufel dasselbe
gut verwahrt glaube und dann so höflich sei, wie der Arzt
zum Kranken, nur, wenn er gerufen wird, zu kommen.

Dieses verrufene Haus also hieß das Gespenster=
haus. Es befand sich an der Spitze einer Land=
oder vielmehr Felsenzunge, welche einen eigenen klei=
nen Ankerplatz in der Bucht von Houmet=Paradis
bildete. Das Wasser ist dort tief. Fast abge=
schnitten von der übrigen Insel, stand das Haus ganz
allein auf der Landzunge; das geringe Erdreich seiner
Umgebung lieferte nur nothdürftig den Raum zu
einem kleinen Gemüsegarten. Zur Zeit der Fluth
stand derselbe völlig unter Wasser. Zwischen dem Hafen
von St. Sampson und der Bucht von Houmet=
Paradis befindet sich der große Hügel, welchen die
mit Epheu umrankten Thürme des Schlosses du
Valle krönen. Man konnte daher von St. Sampson
aus das Gespensterhaus nicht sehen.

In Guernsey sind Hexenmeister noch etwas
ganz Gewöhnliches. Diese Art Leute üben in gewissen
Kirchspielen ihr Geschäft aus, ohne daß das neun=
zehnte Jahrhundert etwas dagegen einzuwenden hätte.
Die Ausübung dieser Künste ist wahrhaft sträflich.
Sie machen Gold, pflücken um Mitternacht Kräuter,
und behexen das Vieh durch den bösen Blick. Man
holt sich Rath bei ihnen, bringt ihnen das Wasser der
Kranken und schüttelt kummervoll den Kopf, wenn
sie sagen: „Das Wasser scheint höchst bedenklich." Einer
von ihnen hatte im März des Jahres 1857 in dem
Wasser eines Kranken nicht weniger als sieben Teufel
entdeckt. Solche Leute sind eben so gefürchtet als
furchtbar. Ein Anderer von ihnen hatte einmal einen
Bäcker sammt seinem Backofen verhext. Wieder
ein Anderer hatte die Bosheit, mit der größesten
Sorgfalt Briefcouverts zu versiegeln, welche Nichts
enthielten. Noch ein Anderer hatte in seinem Hause
drei Flaschen auf einem Brette stehen, welche mit
einem Etiquette versehen waren, auf welchem der Buch=
stabe B zu lesen war. Diese Thatsachen sind er=
wiesen. Einige dieser Zauberer sind sehr mitleidiger

Natur; sie übernehmen für drei Goldgulden die Krankheiten ihrer Nebenmenschen, wälzen sich auf ihren Betten umher und schreien. Währenddessen sind die Kranken gesund und von ihren Qualen erlöst. Anderen helfen sie durch ein Taschentuch, welches sie ihnen um den Leib binden. Es ist dabei nur zu verwundern, daß man nicht schon früher an dieses höchst einfache Heilmittel gedacht. Im vorigen Jahrhundert wurden diese Leute durch den Gerichtshof zu Guernsey zum Scheiterhaufen verurtheilt und verbrannt; in unserer Zeit sperrt man sie acht Wochen ein: vier Wochen bei Wasser und Brod, und vier Wochen in Einzel-Haft. Beide Strafarten wechseln mit einander ab. Amant alterna catenae.

Der letzte Scheiterhaufen, auf welchem man einen Hexenmeister verbrannte, wurde zu Guernsey im Jahre 1747 errichtet. Die Stadt hatte zu dieser außerordentlichen Gelegenheit einen ihrer Plätze, den Kreuzweg der Doggs, hergegeben. Von 1565 bis 1700 wurden auf diesem Platze elf Zauberer verbrannt. In den meisten Fällen legten die Schuldigen ein Geständniß ab. Man erleichterte es ihnen durch die Folter. Dieser Kreuzweg leistete der Gesellschaft und der Religion auch noch andere Dienste. Man verbrannte dort die Ketzer unter Maria Tudor, unter anderen Hugenotten auch eine Mutter, Perrotine Massy mit ihren zwei Töchtern. Eine dieser Töchter war in gesegneten Umständen und genas auf dem Scheiterhaufen eines Knäbleins. Die Chronik bewahrt dieses merkwürdige Ereigniß der Nachwelt durch folgende Notiz auf: Ihr Leib spaltete sich, und es entglitt ihm ein Kindlein, welches vom Scheiterhaufen herab auf die Erde rollte. Ein Mann, Namens House, hob das Kindlein auf, aber der Herr Landvogt Hélier Gosse= lin, ein guter Katholik, ließ dasselbe wieder in die Flammen werfen.

Drittes Capitel.

Für deine Frau, wenn du dich vermählst.

Kehren wir zu Gilliatt zurück.

Man erzählte sich dort zu Lande, daß gegen das Ende der Revolution eine Frau mit einem kleinen Kinde nach Guernesey gekommen wäre, vermuthlich eine Engländerin; war sie dies nicht, so war sie wahrscheinlich eine Französin. Sie hatte einen Namen, aus welchem die Sprache und die Orthographie der Einwohner von Guernesey den Namen Gilliatt machte. Diese Frau lebte allein mit ihrem Kinde, das Einige für ihren Neffen, Andere für ihren Sohn, und wieder Andere für keins von Beiden hielten. Sie hatte nur gerade so viel Geld, um knapp davon leben zu können. Sie kaufte eine Wiese nahe bei dem Polizeigericht und ein Grundstück in Crespel bei Roquaine. In dem Gespensterhause spukte es zu dieser Zeit. Es war seit dreißig Jahren nicht bewohnt worden, und fiel in Trümmer. Der Garten, durch gar zu häufige Ueberschwemmungen verwüstet, brachte Nichts hervor.

Außer dem allnächtlichen Lärmen und den Lichtern, welche man in diesem Hause flackern sah, erzählten sich die Leute auch noch eine höchst merkwürdige und in der That sehr grauenhafte Geschichte, welche dort passirte. Man sagte, daß wenn man am Abend vor dem Schlafengehen einen Knäuel Strickwolle nebst Stricknadeln auf das Kamin lege und einen Teller voll Suppe daneben stelle, so fände man am nächsten Morgen den Teller leer und daneben ein Paar gestrickte Fausthandschuhe. Man bot das Haus sammt dem darin sein Wesen treibenden Kobold für einige Pfund Sterling zum Kaufe an. Diese Frau, entweder vom Teufel oder von der Billigkeit verführt, wagte den Kauf. Ja, sie that mehr als das: sie bewohnte auch das Gespensterhaus mit ihrem Knaben, und von diesem Augenblick an wurde

2*

es bort ganz ruhig. Die Leute meinten, das Haus hätte nun, was es wollte. Die Gespenster hörten auf, ihr Wesen zu treiben. Man hörte des Morgens nicht mehr schreien und toben, und sah kein anderes Licht darin, als das Talglicht, welches die gute Frau jeden Abend anzündete. Das Licht eines Zauberers, sagten die Leute, ist so gut wie die Fackel des Teufels. Diese Erklärung genügte dem Publicum.

Die Frau lebte von dem Ertrag ihrer wenigen Morgen Landes und von einer guten Kuh, die vortreffliche Milch und gelbe Butter lieferte. Sie verkaufte, wie jede andere Frau vom Lande, ihre Pastinakwurzeln in kleinen Tonnen, ihre Zwiebeln in Bündeln, sowie Bohnen und Kartoffeln metzenweise. Doch brachte sie ihre Waaren nicht selber zu Markte, sondern ließ sie durch einen Bekannten, einen Landmann aus der Umgegend, Namens Guilbert Falliot, feil bieten.

Die Schäden des baufälligen Hauses wurden mühsam ausgebessert, und es wurde wieder in einen etwas wohnlichen Zustand gesetzt. Es mußte schon arges Unwetter sein, wenn das Wasser

durch die Dachritzen und Oeffnungen in die Stuben
lief. Die Wohnung bestand aus einem Erdgeschoß
und einem Speicher. Das Erdgeschoß hatte drei
Säle, welche durch eine Leiter mit dem Speicher in
Verbindung standen. Die Frau besorgte nicht nur
Haus und Küche, sondern lehrte auch ihr Kind lesen.
In die Kirche ging sie nicht. Aus diesem Umstande
schloß man, daß sie eine Französin sei. Das „Nir-
gend-Hingehen" erregte große Bedenklichkeiten.

Im Ganzen genommen wußte man nicht recht,
was man aus diesen Leuten machen sollte.

Eine Französin konnte diese Frau wohl sein.
Vulkane werfen Steine, Revolutionen Menschen aus.
Ganze Familien werden aus ihrem natürlichen Boden
gerissen und in fremdes Erdreich verpflanzt; die verschiedenen Glieder zerstreuen und verlieren sich. Menschen fallen aus den Wolken: Diese weht der Wind
nach Deutschland, Jene nach England, Andere nach
Amerika. Die Eingeborenen dieser Länder wundern
sich: „Wo kommen diese Fremden her?" Der Vesuv
hat sie ausgespieen. Man giebt diesen ausgestoßenen,
verlorenen, aus der Luft gefallenen, diesen vom

Schicksal bei Seite geschafften Wesen Namen. Man
nennt sie Emigrirte, Flüchtlinge, man nennt sie Abenteurer. Wenn sie bleiben, werden sie geduldet; wenn
sie gehen, hat man nichts dagegen. Es sind dies oft
— und besonders die Frauen unter ihnen — harm-
lose Geschöpfe, den Ereignissen, die sie aus ihrer
Heimath vertrieben, völlig fremd, und verwundert,
ohne ihr Verschulden, ohne Haß noch Zorn zu hegen,
sich als von vulkanischen Auswürfen in die Luft ge-
schleuderte Körper betrachten zu müssen. Arme, aus
ihrem heimathlichen Boden gerissene Pflanzen, suchen
sie im fremden Land, so gut sie können, Wurzel zu
fassen. Sie, die Niemandem etwas zu Leid gethan,
verstehen das ihnen auferlegte Schicksal nicht. Ich
sah, wie einst ein armseliges Büschel Gras von einer
Pulvermine in die Luft gesprengt wurde, wie sich die
Halme von einander trennten, wie sie sich in der Luft
zerstreuten und verloren gingen. Die französische Revolution hatte mehr solcher Ausgeworfener als irgend
ein anderer Ausbruch. — Die Frau, welche man in
Guernesey Gilliatt nannte, war vielleicht der Halm
eines solchen Grasbüschels.

Sie wurde alt, ihr Knabe wuchs heran. Sie lebten allein; von Jedermann gemieden, genügten Mutter und Sohn einander. „Wölfin und Wölflein liebkosen sich," sagten die wohlwollenden Nachbarn. Der Knabe wurde ein Jüngling, der Jüngling ein Mann. Der Baum des Lebens schält sich, die alten Rinden fallen ab und machen den jungen Platz. Die Mutter starb. Sie hinterließ ihrem Sohne ihre Wiese, ihr Grundstück und das alte, baufällige Haus. Im Inventarium waren ferner hundert Goldgulden aufgeführt, welche sich in einem Strumpfe befinden sollten. Das Haus war anständig ausgestattet; es befanden sich in demselben zwei eichene Koffer, zwei Betten, sechs Stühle und andere Utensilien. Auf einem Brett waren einige Bücher aufgestellt, und in der Ecke eines Zimmers stand ein Koffer von durchaus gewöhnlichem Aussehen, welcher wegen des aufzunehmenden Inventariums ge=öffnet werden mußte. Dieser Koffer war von falbem Leder; es waren Arabesken darin eingepreßt, und der Deckel war mit kupfernen Nägelköpfen und zinnernen Sternchen geziert. Derselbe enthielt eine voll=

ständige weibliche Aussteuer, Hemden und Unterröcke von holländischer Leinwand, und seidene Kleider im Stück. Es lag ein Zettel dabei, worauf die Worte zu lesen waren: „Für deine Frau, wenn du dich vermählst."

Dieser Tod verursachte dem Ueberlebenden gro=ßen Kummer. War er bisher ungesellig, so wurde er nun förmlich menschenscheu. Die Welt ward ihm zur Einöde. Es war nicht mehr Einsamkeit; es war völlig Leere um ihn. Zweien ist stets das Leben leicht; dem Einsamen, Verlassenen wird es zur Last, zur Bürde, die er kaum zu tragen ver=mag. Er versucht es auch gar nicht. Das ist der Anfang der Verzweiflung. Später lernt man es be=greifen, daß uns das Leben die Pflicht auferlegt, es zu ertragen. Man betrachtet den Tod, man betrachtet das Leben, und willigt darein, diese Pflicht auf sich zu nehmen; doch wird der Entschluß mit blutendem Herzen gefaßt.

Gilliatt war noch jung, seine Wunde vernarbte. In seinem Alter heilen noch die Herzenswunden. Seine persönliche Schwermuth milderte sich in dem

Anblick der Natur. Dieses Gefühl, das eine Art von Reiz hat, zog ihn von den Menschen ab zu den Dingen, und söhnte seine Seele mehr und mehr mit der Einsamkeit aus.

―――――

Viertes Capitel.

Unbeliebtheit.

Gilliatt war, wie schon gesagt, in seinem Kirchspiel nicht beliebt. Dieser Unbeliebtheit fehlte es nicht an Ursachen. In erster Reihe stand das Haus, welches er bewohnte. Sodann wußte man so gut wie gar nichts über seinen Ursprung. Wer war jene Frau? Und was hatte es mit dem Kinde für eine Bewandtniß? Die Leute in dortiger Gegend zerbrechen sich nicht gern den Kopf über die Fremden, welche sich in ihrer Gegend ansiedeln. Ferner gab ihnen der Arbeiter-Anzug des Sohnes zu denken. Warum kleidet er sich wie ein Arbeiter, wenn er zu leben hat und nicht zu arbeiten braucht? Alsdann war es höchst auffallend, daß der Garten dieser Leute

troß der Aequinoctialstürme und der häufigen Ueber=
schwemmungen, so gedieh, daß er prächtige Kar=
toffeln und ausgezeichnetes Gemüse lieferte. Und
was mochte es wohl mit den großen dicken Büchern
sein, die auf dem Brette standen, und in welchen
Gilliatt so häufig las?

Aber das war noch nicht Alles!

Woher kam es, daß Gilliatt so allein das
düstere Gespensterhaus bewohnte? Es war eine Art
Lazareth; man hielt ihn in Quarantaine; so war es
ganz natürlich, daß man sich über seine Einsamkeit
wunderte und ihn dafür verantwortlich machte.

Er ging niemals in die Kirche. Oft ging er in
der Nacht aus seinem Hause; er mußte mit Zaube=
rern verkehren. Ein Mal überraschte man ihn in
einem höchst auffälligen Zustande von Geistesabwesen=
heit im Grase sitzend, wo er mit Kräutern, Blumen
und Steinen Zwiegespräche hielt. Man schwor
darauf, es gesehen zu haben, wie er vor dem singen=
den Felsen eine Verbeugung machte. Es war ferner
ebenso auffallend als unbegreiflich, daß er alle Vögel,
welche ihm zum Kaufe angeboten wurden, fliegen ließ.

Er war zwar artig und zuvorkommend gegen die
Bürger von St. Sampson; man bemerkte indessen,
daß er Umwege machte, um ihnen auszuweichen. Er
fischte häufig und kam nie ohne Beute nach Hause.
Man sah ihn Sonntags in seinem Garten arbeiten.
Er hatte bei Gelegenheit eines Durchmarsches von
einem schottischen Soldaten eine Flöte gekauft, auf
welcher er bei einbrechender Nacht am Meeresstrand
und in den Felsenriffen blies. Seine Bewegungen
waren wie die eines Säemannes. War es ein Wunder, wenn er unter solchen Umständen nicht beliebt
war? Was sollte wohl ein Land mit einem solchen
Menschen anfangen?

Die Bücher, welche ihm die Verstorbene hinter-
lassen, und in denen er zuweilen las, waren nicht
minder beunruhigend. Der hochwürdige Herr Pastor
Jaquemin Hérode bemerkte bei Gelegenheit des Be-
gräbnisses der verstorbenen Frau, auf dem Rücken der
Bücher folgende äußerst verdächtige Titel: Dictionnaire
von Rosier, Candide, von Voltaire, Gesundheitslehre
für das Volk, von Tissot. Ein französischer Emi-
grant, welcher sich nach St. Sampson zurückge-

zogen hatte, hielt es für sehr möglich, daß dieser
Tissot derselbe sei, welcher den Kopf der Prinzessin
von Lamballe auf einem Spieß getragen habe.

Der hochwürdige Herr Pastor hatte übrigens auch
noch auf einem anderen Buche den ebenso sonderbaren
als bedrohlichen Titel: „De Rhabarbero" gelesen.

Es muß jedoch hinzugefügt werden, daß das
Buch, wie schon der Titel besagt, in lateinischer
Sprache abgefaßt war; es war daher anzunehmen,
daß Gilliatt, welcher diese Sprache nicht verstand,
besagtes Buch auch nicht gelesen hatte.

Aber gerade die Bücher, welche ein Mensch
nicht lies't, zeugen gegen ihn. Die spanische
Inquisition hat dieses außer allem Zweifel gestellt.

Das Buch war übrigens nur eine Abhandlung
des Doctor Tilingius über den Rhabarber, welche
im Jahre 1679 in Deutschland erschienen war.

Man wußte es nicht ganz genau, aber man
hatte Gilliatt sehr stark im Verdacht, daß er aller=
hand Zaubertränke bereitete, denn er war im Besitz
von Phiolen.

Und warum ging er des Abend aus dem Hause

und trieb sich bis Mitternacht auf den steilen Küsten=
abhängen umher? Ohne allen Zweifel, um mit den
bösen Geistern Umgang zu pflegen, welche des Nachts
an den Ufern des Meeres, auf den Felsenriffen und
im Nebel hausen.

Man wußte, daß er ein Mal einer alten Hexe,
mit Namen Montonne Gahy, ihren Karren aus dem
Schlamme ziehen half.

Bei Gelegenheit einer Einwohner=Zählung, welche
auf den Inseln vorgenommen wurde, gab er auf die
Frage nach seinem Stand und seiner Beschäftigung
den Beamten folgende, ebenso merkwürdige als ver=
dachterregende Antwort: „Ich fische, wenn es
etwas zu fischen giebt."

Stellen wir uns auf den Standpunkt der Leute,
so werden wir leicht begreifen, welchen Anstoß der=
artige Antworten geben mußten.

Armuth und Reichthum sind relative Begriffe.
Gilliatt hatte eine Wiese, Felder und Haus. Im Ver=
gleich zu Denen, welche gar Nichts hatten, war er
nicht arm zu nennen. Eines Tages fragte ihn ein
Mädchen, entweder um seine Meinung zu prüfen,

oder einer Werbung entgegen zu kommen — denn
· Weiber heirathen ja den Teufel, wenn er reich ist —
ob, und wann er sich zu verheirathen gedächte. Gilliatt
antwortete ihr: „An dem Tag, an welchem sich
der singende Berg verheirathet."

Dieser singende Berg ist ein großer Felsblock,
welcher das Hanffeld des Herrn Lemezurier de Fry
durchschneidet. Dieser Steinmasse ist nicht zu trauen,
sie muß sorgfältig überwacht werden. Es ist eine
unerklärliche, aber deshalb nicht minder auffällige
Thatsache, daß auf besagtem Felsen ein Hahn
kräht, den man wohl hören, allein nicht sehen
kann. Dieses eben so unwiderlegte als unwiderleg-
liche Factum ist höchst unheimlicher Art. Man ist
ferner darüber einig, daß der singende Berg von Ko-
bolden in das Hanffeld des Herrn Lemezurier de Fry
geschoben wurde.

Wenn in der Nacht unter Blitz und Donner schwarze
Gestalten in den rothen Wolken des Himmels und
in der zitternden Luft erscheinen, so kann man sich
darauf verlassen, daß es Kobolde sind. Eine Frau in
Grand Mesller kennt sie ganz genau. Als eines

Abends ein Fuhrmann unschlüssig an einem Kreuzweg stand und nicht recht wußte, welche Richtung er ein= schlagen sollte, rief sie ihm zu: Fragt nur die Ko= bolde; es sind gute, sehr umgängliche Geister, höflich und leutselig gegen Jedermann, die gern den Leuten Rath ertheilen. Es ist Hun= dert gegen Eins zu wetten, daß diese Frau eine Hexe war.

Der eben so scharfsinnige als gelehrte König Ja= cob I. ließ alle Weiber dieser Art lebendig brühen, kostete die Brühe und entschied nach dem Geschmack der Brühe, ob es eine Hexe war oder nicht. Schade, daß die Könige der Jetztzeit nicht auch solche Talente besitzen, welche die Nützlichkeit von dergleichen Ein= richtungen begreiflich machen.

Gilliatt stand nicht ohne triftige Gründe in dem Geruch der Hexerei. Man sah ihn einmal in der Nacht während eines Sturmes ganz allein in einem Kahn der Gegend der Sommeilleuse zuschiffen. Man hörte ihn fragen: Ist hier wohl durchzukommen?

Eine Stimme antwortete vom Felsen herab: Sieh zu, Verwegner! Mit wem sprach er, wenn nicht mit

Einem, der ihm Antwort gab? Die Sache scheint uns ein neuer Beweis für unsere Behauptung.

In einer anderen Sturmnacht, so schwarz, daß man nichts sah, hörte man ganz in der Nähe des Catiau-Roque, der eine Doppelreihe von Felsen bildet, auf welchen Hexen, Ziegenböcke und Gestalten aller Art in der Freitag-Nacht tanzen, die Stimme Gilliatts ganz deutlich. Man belauschte folgendes Gespräch, das er mit den Gespenstern führte.

— Wie befindet sich Meister Brovat? (Das war ein Maurer, welcher vom Dach herab gefallen.)

— 's geht besser.

— Was Ihr sagt! Er ist höher als von diesem Pfosten heruntergefallen. Es ist wunderbar, daß er sich nichts gebrochen hat! —

— Die Leute hatten vorige Woche gutes Wetter am Strand.

— Besseres als heute.

— Laßt's gut sein, sie werden ihren Fang schon machen.

— Es ist zu windig.

— Man wird die Netze nicht tief genug legen können.

— Und was macht die Cathrin?

— Ach, die ist wie behext.

Die „Cathrin" war offenbar eine Hexe, und Gilliatt ohne Frage ein Hexenmeister; wenigstens zweifelte Niemand daran.

Er goß auch zuweilen Wasser aus einem Krug auf die Erde. Aber Wasser, welches man auf die Erde gießt, zeichnet die Gestalt von Teufeln.

Es giebt auch auf dem Wege von St. Sampson, nicht weit von dem ersten Felsen drei Steine, welche treppenförmig übereinander liegen. Ehemals stand ein Kreuz, wenn nicht gar ein Galgen darauf; jetzt sind sie leer. Diese Steine sind sehr verrufen.

Ganz erstaunlich kluge und glaubwürdige Leute versichern gesehen zu haben, wie Gilliatt ganz in der Nähe dieser Steine mit einer Kröte- sprach. Nun weiß Jeder, der die Gegend von Guernesey kennt, daß es dort keine Kröten giebt; es sind nur Nattern in Guernesey, in Jersey aber giebt es Kröten. Die Kröte, mit welcher Gilliatt sprach, mußte daher von

Jersey aus zu ihm geschwommen sein, das lag auf
der Hand. Sie plauderten übrigens sehr freundschaft-
lich mit einander.

Daß dies Alles erwiesene Thatsachen sind, be-
zeugen die drei Steine, welche noch immer auf derselben Stelle liegen. Wer daran zweifelt, kann sich
selber davon überzeugen. Die Steine liegen nahe bei
einem Hause, welches an folgendem Schild zu erkennen
ist: **Hier kauft man todtes und lebendes Vieh,
alte Stricke, Eisen, Knochen und Lumpen. Für
höfliche Behandlung und prompte Bezahlung
wird garantirt.**

Es gehört schon böser Wille dazu, die Existenz
dieser Steine und dieses Hauses zu leugnen. Alles
das schadete Gilliatt.

Nur Unwissende wissen nicht, daß der König von
Auxcriniérs das Gefährlichste in den Gewässern des
Canals ist. Es giebt kein furchtbareres Seegespenst
als ihn. Wer ihn gesehen hat, leidet binnen Jahres-
frist Schiffbruch. Er ist klein, denn er ist ein Zwerg,
und taub, denn er ist ein König. Er weiß die Opfer,
welche das Meer verschlungen, alle mit Namen zu

3*

nennen; er kennt die Stellen, wo sie begraben sind;
er kennt den Kirchhof Ocean gründlich. Ein oben
schmaler, unten breiter Kopf, eine untersetzte Gestalt,
ein unförmlicher schleimiger Leib, knotige Auswüchse
auf dem Schädel, kurze Beine und lange Arme, Flossen
statt der Füße, Krallen statt Hände, ein breites, grünes
Gesicht — das ist das Bild des Königs von Aurcri-
niérs. Seine Krallen sind mit Schwimmhäuten versehen, seine Flossen mit Nägeln. Man denke sich ein
Fisch-Gespenst mit einem Menschenantlitz. Um es
unschädlich zu machen, müßte man es beschwören oder
— angeln. Jedenfalls ist es unheimlich. Nichts ist
beunruhigender, als es zu sehen. Eine niedrige Stirne,
Stumpfnase, platte Ohren, ein ungeheurer Mund,
in welchem die Zähne fehlen, eine gräuliche Mund-
öffnung, ziegenartig gezeichnete Augenbrauen, große
lustige Augen. Wenn falbe Blitze es beleuchten, ist
sein Gesicht flammenroth, bei flammenrothen fahl. Er
trägt einen starren triefenden Bart, der sich, viereckig
gestutzt, auf einer pelzartigen Haut ausbreitet, welche
vorn und hinten mit je sieben, also mit vierzehn
Muscheln geziert ist. Diese Muscheln sind äußerst merk-

würdig für den Kenner. Der König von Auxcriniérs
ist nur bei hochgehender See sichtbar; er ist der finstere
Possenreißer des Sturmes. Im Regen, Nebel, Wind
erkennt man nur undeutlich, wie eine blasse Skizze,
seine Formen. Sein Nabel ist häßlich. Ein Schuppen=
harnisch bedeckt seine Seiten und die Brust. Er er=
hebt sich über die zischenden Wogen des Meeres,
welche sich unter den mächtigen Athemzügen des Stur=
mes bäumen und sich kräuseln wie Holzspähne unter
dem Hobel des Tischlers. Seine Gestalt bleibt unbe=
rührt von dem Schaumspritzen, und wenn am Ho=
rizont Fahrzeuge erscheinen, welche ihren letzten Kampf
mit den Wogen kämpfen, dann strahlt sein im Schat=
ten fahles Antlitz im Glanz eines wüsten Lächelns
und, das Antlitz in wahnwitzigem Schrecken verzerrt,
beginnt er zu tanzen. Das ist ein böses Begegnen.
Zu der Zeit aber, als Gilliatt den Leuten in St.
Sampson zu reden gab, hatte der König von Auxcriniérs
nur noch dreizehn Muscheln an seinem Barte. Wo
war die vierzehnte geblieben? Hatte er sie verschenkt?
Und wem hatte er sie geschenkt? Das wußte Niemand
zu sagen. Man weiß nur, daß Herr Lupin=Mabier,

ein höchst ansehnlicher Mann, dessen Besitzungen sehr hoch abgeschätzt waren, bereit war, eidlich zu erhärten, daß er in den Händen Gilliatt's eine höchst merkwürdige Muschel gesehen habe.

Es war nichts Seltenes, zwei Bauern aus der dortigen Gegend Gespräche wie folgendes führen zu hören:

— Findet Ihr nicht, Nachbar, daß mein Ochse ein ganz prächtiges Thier ist?

— Zu aufgeschwemmt, Nachbar.

— Hm — könnt Recht haben.

— Nichts Solides — mehr Talg als Fleisch.

— Daß Dich das Wetter!

— Seid Ihr ganz sicher darüber, daß Gilliatt ihn nicht behext hat?

Gilliatt blieb zuweilen auf einem Feldweg bei den Ackersleuten und an den Gärten bei den Gärtnern stehen und sprach dann wohl mitunter geheimnißvolle Worte zu ihnen, z. B.:

— Wenn der Teufelsbiß blüht, schneidet den Winterroggen. (Der Teufelsbiß ist die sogenannte Scabiose.)

— Sobald die Esche Knospen treibt, giebt es keinen Frost mehr. Um die Sommersonnenwende blüht die Distel.

— Wenn es im Juni nicht regnet, bekommt das Getreide den weißen Rost.

— Wenn die Vogelkirsche grün wird, traut dem Vollmond nicht.

— Habt Acht auf das Thun und Treiben der Nachbarn, mit denen Ihr im Rechtsstreit lebt. Wenn ein Schwein heiße Milch trinkt, geht's caput; und reibt man der Kuh die Zähne mit Lauch ein, so frißt sie nicht mehr und fällt.

— Frischer Schierling bewahrt vor den Fiebern.

— Wenn sich der Frosch zeigt, säet die Melonen.

— Säet die Gerste, wenn's Leberkraut blüht.

— Wenn die Linde blüht, mähet die Wiesen.

— Wenn die Ulme blüht, werfet die Laichnetze aus.

— Blüht der Tabak, so schließt Eure Gewächs-häuser.

Und schrecklich! Wer seinen Rath befolgte, befand sich wohl dabei.

Als er eines Abends in der Gegend von Demie

de Fontenelle auf der Düne die Flöte blies, ging der Makrelen-Fang fehl.

Zur Zeit der Ebbe fiel in der Nähe seiner Wohnung ein Frachtwagen um. Wahrscheinlich aus Furcht vor polizeilicher Untersuchung, half er mit der ungeheuersten Anstrengung den Wagen wieder aufrichten, und belud ihn auch selber wieder mit dem herausgefallenen Seegras. Ein kleines Mädchen aus der Nachbarschaft hatte Läuse; da ging Gilliatt nach Saint-Pierre-Port, holte dort eine gewisse Salbe und rieb das Kind damit ein. Er befreite es von seinen Läusen; es ist also klar, daß Gilliatt sie ihr angehext hatte.

Alle Welt ist darüber einig, daß man einem Menschen Läuse anhexen kann.

Er hatte auch die Gewohnheit, die Brunnen in der Umgegend zu besichtigen; ein sehr gefährliches Unternehmen, wenn man „den bösen Blick" hat. Eines Tages wurde das Wasser eines Brunnens so trübe, daß die gute Frau, welcher derselbe gehörte, Gilliatt zu Rathe zog. Dieser besah das Wasser, welches die Frau ihm in einem Glase zeigte, und sagte: Es ist wahr, das Wasser ist trübe. Die gute Frau aber, welche ihm nicht traute, sagte zu Gilliat: Macht, daß das Wasser wieder gut wird. Er richtete darauf folgende, höchst bedenkliche Fragen an die Frau: — Ob sie einen Stall habe? — Ob dieser Stall einen Abflußkanal habe? — Ob vielleicht dieser Abflußkanal sehr nahe bei dem Brunnen vorbeiflösse? — Die gute Frau sagte zu Allem: Ja.

Da ging Gilliat in den Stall, machte sich an dem Kanal zu schaffen, leitete die Gosse ab, und das Wasser des Brunnens wurde wieder klar. Man dachte sich am Ort so Mancherlei. Ein Brunnen wird nicht, so mir nichts dir nichts, schlecht und dann wieder gut. Man fand die Verwandlung des Wassers sehr unnatürlich, und der Verdacht lag nahe, Gilliatt habe diesen Brunen verhext.

Einmal, als er nach Jersey gegangen war, hatte man bemerkt, daß er in einem Hause Quartier genommen, welches in der Schatten=Straße stand. Schatten aber sind bekanntlich Gespenster.

In den Dörfern merken die Leute auf dergleichen

Dinge. Sie erkundigen sich nach Allem. Die Er=
kundigungen werden zu einem Resultat zusammen=
geschmolzen: dieses bildet den Ruf eines Menschen.

Es kam vor, daß man Gilliat überraschte, als
ihm die Nase blutete. Das war eine wichtige Ent=
deckung. Ein Bootsmann, welcher fast die ganze Welt
gesehen hatte, behauptete, daß bei den Tungusen alle
Hexenmeister Nasenbluten hätten. Blutet also einem
Menschen die Nase, so weiß man, was man von ihm
zu halten hat.

Freilich machten einige vernünftige Leute die Be=
merkung, daß, wenn bei den Tungusen die Zauberer
auf diese Weise kenntlich wären, dieses in Guernesey
nicht in demselben Grade der Fall zu sein brauchte.

Es war zu Michaelis, als man Gilliat einmal
auf einem mit der Heerstraße von Bibeclins in Ver=
bindung stehenden Feldweg gewahrte. Man sah ihn
auf einer Wiese Halt machen und hörte ihn pfeifen.
Bald darauf ließ sich in seiner Nähe ein Rabe nie=
der und es dauerte gar nicht lange, so kam auch
eine Elster. Diese Thatsache ist durch einen der glaub=
würdigsten Zeugen verbürgt.

Auch waren in der Gegend von Guernesey alte
Frauen, welche ganz deutlich gehört haben wollten,
wie eines Morgens ganz früh einige Schwalben den
Namen Gilliatt gezwitschert hätten. Dazu kam noch,
daß Gilliatt ein schlechtes Herz haben mußte.

Ein armer Mann schlug einst einen störrischen
Esel, der nicht vorwärts wollte. Als alle Püffe
nichts fruchten wollten, gab er ihm mit seinen
schweren Holzschuhen einige derbe Fußtritte in die
Seiten, so daß der Esel fiel. Gilliatt eilte hinzu, um
ihm wieder aufzuhelfen. Der Esel war todt. Gilliatt
ohrfeigte den armen Mann.

Ein anderes Mal sah er einen kleinen Knaben
von einem Baum herabsteigen, mit einem Nest voll
neugeborener fast noch ganz nackter Vögelchen. Gilliatt
nahm dem Knaben das Nest aus der Hand und trieb
die Ruchlosigkeit so weit, es wieder dahin zu bringen,
wo es der Bube gefunden hatte.

Als einige Vorübergehende ihm Vorwürfe machten,
zeigte er statt aller Antwort auf den Baum, wo die
Alten ängstlich schreiend das Nest ihrer Jungen um=
flatterten. Er hatte eine Liebhaberei für Vögel. Das

ift ein Zeichen, woran man in der Regel die Zauberer erkennt.

Den Kindern macht es Spaß, die Nester der Seemöven an den steilen Küsten = Abhängen auszu=nehmen. Sie bringen ganze Massen blauer, gelber und grüner Eier mit nach Hause, welche sie als Zierde des Kamingesimses reihenweise aufpflanzen. Da die Abhänge steil und glatt sind, geschieht es leicht, daß Jemand ausgleitet, fällt und ums Leben kommt. Nichts ist verlockender für ein Kind, als diese hübschen bun=ten Vogeleier auf dem Kamin. Was that Gilliatt, um den Kindern das unschuldige Vergnügen zu stören?

Er erkletterte mit eigener Lebensgefahr die höch=sten Felsen und brachte Vogelscheuchen an den ge=fährlichsten Stellen an. So verhinderte er die Vö=gel, hier zu bauen, und die Kinder hinzugehen.

Darum war Gilliatt beinahe in der ganzen Ge=gend verhaßt. Wer wäre es nicht, wenn solche Gründe vorliegen?

Fünftes Capitel.

Andere zweideutige Seiten Gilliatts.

Man hatte zwar seine Meinung über Gilliatt, allein man war doch noch nicht ganz einig.

Die Meisten hielten ihn für einen „Marcou," Einige aber gingen so weit, ihn für einen „Cambion" auszugeben. Ein Cambion ist der Sohn des Teufels und eines menschlichen Weibes.

Wenn eine Frau von einem Manne sieben männliche Kinder hinter einander zur Welt bringt, so ist das siebente ein Marcou. Die Reihe darf aber nicht durch die Geburt eines Mädchens unterbrochen sein.

Der Marcou hat an irgend einer Stelle seines Körpers das Zeichen der Lilie, welches ihm die Fähig-

keit verleiht, die Scropheln eben so gut zu kuriren
wie die Könige von Frankreich. Es giebt in Frankreich fast aller Orten Marcous, besonders um Or-
leans. Jedes Dorf in der Gegend von Gätin hat
seinen Marcou. Er darf die Verwundeten nur an-
hauchen, oder von ihnen seine Lilie berühren lassen,
so sind sie geheilt. In der Nacht des Charfreitag
gelingen solche Operationen am besten. Ungefähr vor
zehn Jahren lebte in Ormes ein Küfer — ein angesehener Mann, der Wagen und Pferde hielt —
man nannte ihn nur den schönen Marcou, der einen
ganz außerordentlichen Zuspruch hatte. Von Nah
und Fern strömten aus der Umgegend die Leute in
sein Haus. Man mußte, um seinen Wundern Einhalt
zu thun, mit militärischer Gewalt einschreiten. Er
hatte die Lilie unter der linken Brust. Andere haben
sie anderswo.

Es giebt Marcous in Jersey, in Aurigny, in
Guernesey. Dies kommt wohl daher, weil Frankreich Rechte auf die Normandie hat. Wozu wären
sonst die Lilien?

Es giebt auch Scrophelnbehaftete auf den Inseln

des Canals, was wiederum die Marcous nothwendig macht.

Als Gilliatt eines Tages in offener See badete, glaubten einige Anwesende die Lilie an seinem
Körper zu bemerken. Als man ihn darüber befragte,
lachte er, anstatt zu antworten. Ja, ja, Gilliatt lachte
zuweilen, ganz wie ein anderer Mensch. Seit dieser
Zeit jedoch badete er nicht mehr in offener See, sondern an versteckten einsamen Orten. Man vermuthete,
daß er es des Nachts bei Mondenschein that. Wie
dem aber auch sei: die Sache war sonderbar.

Diejenigen, welche darauf versessen waren, Gilliatt für einen Cambion, das heißt für einen Sohn
des Teufels auszugeben, befanden sich offenbar im
Irrthum. Sie hätten wissen müssen, daß es fast nur
in Deutschland Cambions giebt. Allein in le Valle
und St. Sampson waren vor fünfzig Jahren die
Leute in der Wissenschaft noch sehr zurück.

Daß man aber in Guernesey einen Sohn
des Teufels suchen wollte, war offenbar eine Phantasie.

Obgleich man Gilliatt fürchtete, suchte man

doch seinen Rath. Mit einer gewissen inneren Un=
ruhe, welche die Furcht erzeugte, befragten ihn die
Bauern über ihre verschiedenen Krankheitsfälle. Diese
Furcht schließt das Vertrauen nicht aus, im Ge=
gentheil: je verrufener auf dem Lande ein Arzt ist,
desto wirksamer sind seine Mittel. Gilliatt hatte seine
eigenen Arzeneien; sie waren ihm von der ver=
storbenen alten Frau übermacht worden; er half da=
mit Allen, welche seine Hülfe begehrten, ohne sich da=
für bezahlen zu lassen. Er heilte Nagelgeschwüre
durch kühlende Kräuter; eine seiner Phiolen enthielt
einen Saft, welcher das Fieber heilte; der Chemiker
in St. Sampson, den man sonst Apotheker zu
nennen pflegt, hielt diesen Saft für ein Decoct von Chi=
narinden. Selbst die böswilligsten Lästerer konnten
nicht leugnen, daß Gilliatt, wenigstens was die Hei=
lung der gewöhnlichen Krankheiten anbelangte, ein
ziemlich guter Teufel war; wer aber seine Heilkünste
als Marcou in Anspruch nehmen wollte, hatte einen
weit schwierigeren Stand. Wenn sich ein Aus=
sätziger meldete, welcher durch Berührung seiner Lilie
Heilung suchte, so schlug er ihm ohne Umstände die

Thür vor der Nase zu; Wunder durfte Keiner von
ihm verlangen, zu solchen Sachen mochte er sich durchaus nicht verstehen — für einen Zauberer eine lächerliche Weigerung! Wenn Ihr kein Hexenmeister sein
wollt, gut! Seid Ihr es aber einmal, so thut, was
Eures Amtes ist!

Der allgemeine Widerwille hatte jedoch eine oder
zwei Ausnahmen. Die eine dieser Ausnahmen bildete der Sieur Landoys, welcher die Stelle eines
Schreibers in der Pfarrei des Hafens von Saint-
Pierre bekleidete; ihm war das Register der Gebur-
ten, Heirathen und Todesfälle anvertraut. Besagter
Herr Landoys war nicht wenig stolz darauf, sich für
einen Abkömmling des Schatzmeisters Pierre Landais
halten zu dürfen, welcher im Jahre 1485 in der Bretagne gehängt worden war. Dieser Sieur Landoys
hatte sich einmal beim Baden zu weit in die offene
See gewagt, und schwebte in großer Gefahr zu er-
trinken. Gilliatt rettete ihn mit Gefahr seines eigenen
Lebens. Von diesem Tage an redete Landoys nichts
Böses mehr über Gilliatt. Wenn man sich darüber
verwunderte, antwortete er: Wie kann ich einen

4

Mann verachten, der mir nichts zu Leibe ge=
than und der mir einen so wichtigen Dienst
geleistet? Der frühere Widerwille des Herrn Amt=
schreibers war nicht allein völlig gewichen, sondern
hatte sogar einem gewissen Gefühl von Freundschaft
Platz gemacht. Er war ein Mann ohne Vorurtheile.
Er glaubte nicht an Zauberei. Er lachte über die Ge=
spensterfurcht. Obgleich er, der den Fischfang als Lieb=
haberei trieb, oft Stunden lang in seinem Kahn auf dem
Meere segelte, so war ihm doch noch niemals etwas be=
gegnet, den einzigen Fall ausgenommen, daß er einmal
eine weiße Frau im Mondenschein in das Meer springen
sah; und auch das konnte er nicht als Wahrheit ver=
bürgen, es mochte wohl eine Täuschung gewesen sein.
Montonne Gahy, die Hexe von Torteval, hatte ihm
ein kleines Säckchen gegeben, welches, auf der Brust
getragen, vor den bösen Geistern schützen sollte; er
lachte über diesen Aberglauben, er hatte das Säckchen
nicht einmal untersucht, wußte also gar nicht, was es
enthielt; nichts desto weniger trug er es, weil er
sich mit diesem Säckchen sicherer fühlte, auf der
Brust.

Noch einige andere Leute von Muth hatten die
Kühnheit, dem Vertheidigungs-Eifer des Sieur Landoys beizustimmen, indem sie durch Anführung gewisser mildernder Umstände den Stachel von Gilliatts
bösem Leumund zu entkräften suchten. Wenn man
auch Alles über ihn ergehen ließ, so mußten doch selbst
seine erbittertsten Widersacher gelten lassen, daß es
keinen mäßigeren und nüchterneren Menschen gab als
Gilliatt. Man vermaß sich sogar zu der ungeheuer
schmeichelhaften Frage: Wer ist so mäßig als
Gilliatt? Er raucht nicht, er schnupft nicht,
er trinkt nicht, er spielt nicht.

Nach der Meinung der Leute aber ist die Nüch-
ternheit nur dann eine lobenswerthe Eigenschaft, wenn
andere dazu kommen.

Die öffentliche Meinung war nun einmal gegen
Gilliatt.

Wie dem aber auch sei, als Marcou konnte Gilliatt wesentliche Dienste leisten. Es erschien daher
an einem gewissen Charfreitag um Mitternacht, an
welchem Tag und zu welcher Stunde gewisse Wunder-
kuren unfehlbar waren, ein ganzes Heer Aussätziger

4*

im Gespensterhaus. Sie streckten flehend die Hände
aus, entblößten ihre Wunden, und baten Gilliatt in-
ständig, er möchte ihnen helfen. Er schlug es ab.
Jetzt war man seine Schändlichkeit klar!

Sechstes Capitel.

Ein altmodisches Schiff.

Das war Gilliatt.

Die Mädchen fanden ihn häßlich. Er war es nicht; er war vielleicht das Gegentheil. Er hatte in seinem Profil etwas von einem antiken Barbaren. In Momenten der Ruhe glich er einem der Dacier auf der Säule des Trajan. Seine Ohren waren klein, von zierlicher Form und durch die Abwesenheit sogenannter Ohrlappen, wie durch einen bewunderungs= würdig akustischen Bau ausgezeichnet. Zwischen den Augenbrauen hatte er jene stolze Linie, welche den kühnen und beharrlichen Mann verräth. Seine Mundwinkel waren herabgezogen, ein Kennzeichen der Schwermuth und Melancholie. Die Wölbung

seiner Stirn war edel und klar, sein Auge offen
und frei, obgleich die Ruhe seines Blickes öfter
durch jenes Zucken der Lider unterbrochen wurde,
welches den Fischern eigen ist; eine Erscheinung, die
das wechselnde Licht der Wogen erzeugt. Sein Lachen
war kindlich und reizend. Man konnte nichts Schö=
neres sehen als seine blendend weißen Zähne. Aber
die Sonne hatte einen Neger aus ihm gemacht. Nicht
ungestraft setzt man sich Tag und Nacht den Stür=
men und Wettern des Oceans aus; obgleich erst
dreißig, glich er einem Mann von fünfundvierzig
Jahren. Er trug die dunkele Maske des Sturmes
und der See.

Man nannte ihn Gilliatt, den Schelm.

Eine indische Fabel erzählt: Eines Tages frug
Bràhma die Stärke: „Wer ist noch stärker als Du?"
Sie antwortete: „Die Gewandtheit." Ein chinesisches
Sprichwort sagt: „Was vermöchte nicht der Löwe,
wenn er ein Affe wäre?" Gilliatt war weder Löwe
noch Affe; allein die indische Fabel und das chinesische
Sprichwort paßten auf das, was er that, und wie
er es that. Nur mittelmäßig groß und mit nur

gewöhnlichen Körperkräften begabt, war er dennoch
im Stande Riesenlasten zu heben und Athletenwerke
zu leisten. Keiner wußte wie er, durch Erfindungsgabe,
durch Klugheit und Geschicklichkeit die Wirkungen der
Kraft zu erzielen.

Ihm war die Gymnastik angeboren; er bediente
sich mit gleicher Leichtigkeit der linken wie der rechten
Hand.

Er war kein Jäger, aber ein Fischer. Die Vögel
schonte er, doch nicht die Fische. Wehe den Stummen!
Auch war er ein trefflicher Schwimmer.

Die Einsamkeit bildet Talente und Blödsinnige.
Gilliatt konnte für Beides gelten. Er hatte zuweilen
ein „erzdummes“ Aussehen, dann aber hatte er wieder
einen bezaubernd tiefen Blick. Im alten Chaldäa
gab es solche Menschen; in gewissen Stunden leuchteten Magier durch die undurchsichtige Hülle des
Hirten.

In Wahrheit war Gilliatt nichts weiter als ein
armer Mensch, der lesen und schreiben konnte. Er
stand auf der Grenze, welche den Träumer vom
Denker scheidet. Der Denker will, der Träumer

läßt sich leiten. Gesellt die Einsamkeit sich zur Ein=
falt, so vervollkommnet sie dieselbe. Sie erfüllt sie
ohne ihr Wissen mit einem heiligen Grauen. Der
Schatten, welcher Gilliatts Geist umhüllte, war aus
zwei verschiedenen, doch in ihrer Stärke fast gleichen
Elementen zusammengesetzt: in ihm war Unwissen=
heit, Schwäche, außer ihm das Geheimniß, die Un=
endlichkeit.

Das Inselmeer hatte ihn mit seinen tausend=
fältigen Gefahren, denen er muthig die Stirne bot,
wenn er die steilen Felsen erkletterte und sich im
Sturme bei Tag und Nacht dem Untergang Preis
gab, indem er das erste beste Fahrzeug regierte, ohne
sein Wissen und Wollen zu einem bewunderungs=
würdigen Seemann gemacht.

Er war ein geborener Lootse. Der Lootse ist
ein Seemann, der mehr nach dem Grund, als nach
der Oberfläche fragt. Die Woge ist eine räthsel=
hafte Fläche, deren Gestalt fortwährend wechselt nach
den Formen des Meergrundes, über welchen das Fahr=
zeug dahingleitet. Wenn man Gilliatt durch die Wasser=
berge und Felsenrisse des normännischen Archipelagus

sich wie eine Wasserschlange winden sah, schien es,
als ob unter der Wölbung seiner Stirne die Karte
des Meeresgrunds verborgen wäre. Er kannte Alles
und überwand Alles. Er kannte die Baken besser als
die Seeraben, welche sich darauf setzen. Die unmerk-
lichen Unterschiede, durch welche jeder einzelne der vier
mit Pfählen gespickten Leinpfade der Creux, der Alli-
gande, der Tremies und der Sarbrette sich auszeichnet,
waren für ihn im Nebel und selbst in der Dunkel-
heit der Nacht vollkommen klar und erkennbar.

Seine Seemannskunst bewährte sich glänzend bei
Gelegenheit eines Schifferstechens, welches in Guernesey eines Tages stattfand. Man hatte nämlich die
Aufgabe gestellt, ganz allein ein Schiff mit vier Segeln von St. Sampson bis zu der Insel Herm, —
zwei Orte, welche zur See eine Meile weit von einander entfernt liegen — und wieder zurück zu führen.
Das Lenken eines Schiffes mit vier Segeln ist für
einen geübten Seemann nun gerade keine Hexerei. Die
Schwierigkeit bestand aber erstens in dem zu regie-
renden Schiffe selber, welches eine jener breiten, schweren, kolossalen Schaluppen war, die aus Holland

stammen, und welche die Seeleute des vorigen Jahr=
hunderts „Holländische Bäuche" nannten. Man
begegnet noch heute auf offener See solchen altmodischen
Schiffsmodellen. Sie sind bausbäckig, flach, sie haben
am Backbord und Steuerbord zwei Flügel, die den
Schiffskiel vertreten. Die zweite Schwierigkeit war
der Rückweg von Herm, wo das Schiff mit einer
schweren Ladung Steine versehen wurde. Leer stach
es in See, schwer beladen kam es zurück. Der
Preis des Schifferstechens war eben diese Schaluppe.
Der Sieger behielt sie. Dieser dickbäuchige Holländer
wurde früher zum Lootsendienste benützt. Der Lootse,
welcher ihn zwanzig Jahre lang führte, war der
kräftigste Seemann im Canal; als er starb, blieb
das Schiff herrenlos, weil kein Anderer es zu regieren
im Stande war, daher man denn auf den Gedanken
kam, es zum Preis eines Schifferstechens zu machen.
Das Schiff, obgleich mit keinem Verdeck versehen,
hatte nichts desto weniger seine dem Kundigen er=
kennbaren Vorzüge. Es war nach vorn mit einem
Maste versehen, was die Triebkraft des Segelwerkes
vermehrte. Es hatte ein festes Gerippe, schwer, aber

breit, und hielt gut die weite See; es war so ein rechtes Sonntagsschiff. Es schien den Appetit der Seeleute sehr zu reizen; denn es entspann sich ein reger Wettkampf um den Besitz desselben. Sieben oder acht Fischer, die kräftigsten auf der Insel, waren als Kämpfer um den Preis in die Schranken getreten. Sie versuchten Alle nach einander ihr Heil, aber kein Einziger von ihnen erreichte Herm. Der Letzte, welcher es versuchte, war als kühner Wagehals bekannt, der einmal bei Sturm und Wetter den gefährlichen Eng= paß zwischen Serk und Brecq=Hou in einem Kahne, und nur von dem Ruder Gebrauch machend, durch= schifft hatte. Wie gebadet im Schweiße fruchtloser Anstrengung brachte er den dickbäuchigen Holländer zurück und sagte: Es ist unmöglich! Nun war die Reihe an Gilliatt, sein Glück zu versuchen. Er bestieg das Fahrzeug, stach in See und erreichte Herm nach einem Zeitraum von drei viertel Stunden. Nach drei Stunden brachte er das Schiff mit seiner schweren Ladung nach Sampson zurück. Das Fahrzeug war zum Ueberfluß noch mit der kleinen Kanone von Bronze beladen, welche die Bewohner von Herm all=

jährlich am fünften November, dem Todestag von Guy Fawkes abzufeuern pflegten.

Guy Fawkes war, beiläufig gesagt, vor zweihundert sechszig Jahren gestorben; die Freude über seinen Tod war also von sehr altem Datum.

Gilliat erreichte St. Sampson, ungeachtet der Kanone des Guy Fawkes, und ungeachtet eines conträren Südwindes, welcher sich bei der Rückfahrt erhoben hatte.

Als ein gewisser Meß Lethierry, von welchem später die Rede sein wird, das beladene Fahrzeug ankommen sah, rief er begeistert aus: Das nenne ich mir einen Seemann!

Er reichte Gilliatt die Hand. Die Schaluppe wurde demselben feierlichst zugesprochen.

Trotz dieser Heldenthat behielt er seinen Beinamen: der Schelm.

Einige Leute suchten sich das Wunder durch die Vermuthung zu erklären, daß Gilliatt irgendwo in diesem Schiffe einen wilden Mispelzweig verborgen habe; denn wie sollte gerade er, der doch kein Seemann war, etwas vollbringen können, was erfahrene

Schiffskundige nicht vermochten? Nein, es war nicht möglich, es mußte Zauberei im Spiel sein.

Seit jenem Tage hatte Gilliatt kein anderes Fahrzeug mehr in Gebrauch als diese altmodische holländische Schaluppe. Sie diente ihm sogar zum Fischfang. Er brachte sie in jenem, ihm allein gehörenden kleinen Hafen neben seinem Hause unter. Wenn es donnerte, warf er seine Netze über den Rücken, schritt durch den Garten, setzte dann über eine Brustwehr trockener Steine, und von einem Felsen zu dem andern springend, erreichte er sein Fahrzeug und stach in See.

Er brachte stets reiche Beute mit nach Hause. Die Leute meinten, dies auffallende Glück im Fischfang schreibe sich daher, daß er noch immer den wilden Mispelzweig in der Schaluppe verberge; es hatte ihn indessen Keiner dort entdeckt.

Seinen Ueberfluß an Fischen verkaufte Gilliatt nicht, sondern er verschenkte ihn.

● Die Bedürftigen nahmen seine Fische an, waren aber nichts desto weniger empört über die Hexerei mit dem wilden Mispelzweig. Das ist sündlich,

sagten sie; man darf das Meer nicht um sein Eigenthum betrügen.

Gilliatt war Fischer; aber er trieb nicht allein
den Fischfang, sondern auch noch manche andere
Dinge zum Zeitvertreib. Er war auch Tischler,
Schmied, Wagner, Schiffs-Zimmermann und sogar auch ein wenig Mechanikus. Er hatte eine angeborene Geschicklichkeit zu allen diesen Dingen und
trieb diese verschiedenen Handwerke, ohne sie gelernt zu haben, zum Vergnügen. Keiner konnte ein
so gut gearbeitetes Rad liefern als er. Alle seine
Fischerwerkzeuge verfertigte er sich selbst. Er hatte
in einem Winkel seines Hauses eine vollständige kleine
Schmiedewerkstätte eingerichtet. Seine Schaluppe hatte
nur einen Anker; er fertigte ohne die Hülfe eines
Arbeiters und ohne jede Anweisung einen zweiten, der
ganz vortrefflich war, und er verstand die Größe und
Stärke des Ankerstocks so zu berechnen, daß ein Um-
schlagen des Schiffes nicht möglich war.

Er hatte mit großer Geduld alle eisernen Nägel aus
den Schiffsplanken gezogen und sie durch hölzerne ersetzt,
wodurch er die gefährlichen Rostlöcher unmöglich machte.

Auf diese Weise hatte er seinen „Holländer" noch weit seetüchtiger gemacht. Er machte auf demselben von Zeit zu Zeit kleine Streifzüge, und brachte oft monatelang auf irgend einer einsamen Insel zu. Dann sagten die Leute, Gilliatt ist fort; Keiner aber nahm sich seine Abwesenheit besonders zu Herzen.

———

Siebentes Capitel.

Ein sonderbarer Mensch in einem sonderbaren Haus.

Gilliatt war ein Träumer. Aus seiner Träumerei entsprang sowohl seine Kühnheit wie seine Schüchternheit. Er hatte seine Gedanken für sich.

Er hatte etwas von einem Geisterseher, etwas von einem Illuminaten. Jeder Bauer kann eben so gut Geisterseher sein, wie König Heinrich IV. Der geheimnißvolle Schleier, welcher die Welt des Unbekannten vor den Blicken der Erbbewohner verhüllt, öffnet sich zuweilen, wenn auch nur für Augenblicke. Der dichte Schatten, welcher das Unsichtbare birgt, lüftet sich plötzlich, um sich dann wieder zu schließen. Solche Visionen verklären zuweilen die Menschen, welchen sie verliehen sind. Sie machen aus einem Kameel-

treiber einen Mahomed und aus einer Hirtin eine
Johanna d'Arc. Es giebt gewisse erhabene Geistes-
verirrungen, welche die Einsamkeit erzeugt. Sie
sind der Rauch des flammenden Dornbusches. Aus
ihnen entsteht ein geheimnißvolles Zittern der Gedanken, welches den Arzt zum Hellseher, den Dichter
zum Propheten erhebt. Es hat Horeb, Cedron, Om-
bos, Peleïa in Dodonaien, Phemonoë in Delphis,
Trophonius in Lebadea, Ezechiel auf dem Kebar,
Hieronymus in der thebischen Wüste hervorgebracht.

Gewöhnlich wirkt der Zustand des Hellsehens
betäubend auf den Menschen. Es giebt einen heiligen Stumpfsinn. Der Fakir ist mit seiner Vision
behaftet, wie der Cretin mit seinem Kropf. Luther, der auf der Wartburg dem Teufel sein
Dintenfaß an den Kopf warf, Pascal, der sich
mit seinem Bettschirm vor dem Fegefeuer geschützt,
der Negerpriester, der mit dem weißen Gotte
Bossum spricht — alles dieselbe Erscheinung, die sich
nach der Verschiedenheit der Intelligenz verschieden-
artig gestaltet. Luther und Pascal sind und bleiben

große Männer; der Negerpriester ist ein Wahn=
witziger.

Gilliatt war weder das Eine noch das Andere.
Er war ein Träumer; weiter nichts.

Es waren ihm im Meerwasser zuweilen sonder=
bare medusenartige Thierformen verschiedenster Ge=
staltungen und Größe aufgefallen, die außerhalb
des Wassers wie weicher Krystall aussahen und
welche, wieder in das Wasser geworfen, demselben an
Farbe und Durchsichtigkeit so vollkommen ähnlich wa=
ren, daß ihre eigenthümlichen Formen ganz verschwan=
den und sie wie aufgelöst in der Allgemeinheit des
Elementes erschienen. Gilliatt schloß daraus, daß,
wie im Wasser, so auch wohl in der Luft leben=
dige Wesen existiren könnten, deren Gestaltungen
mit dem Element so verschmolzen seien, daß man ihre
besondere Erscheinung nicht unterscheiden könne. Die
Vögel sind nicht die Bewohner der Luft, sie sind ihre
Amphibien. Gilliatt glaubte nicht an die Leere der
Luft. Er sagte: Wie sollte die Luft leer sein, wenn
das Meer voll von unsichtbaren Wesen ist? Soll=
ten nicht auch in der Luft Wesen existiren, deren

Gestaltung wir nicht wahrnehmen können, weil
sie aus demselben Element gebildet, welches sie be=
wohnen? Die Analogie deutet darauf hin, daß die
Luft eben so gut ihre Fische habe wie das Meer die
seinigen, nur sind diese Fische Luftfische, durchsichtig
und anscheinend körperlos wie das Element, das sie
bewohnen; das hat zu ihrem und zu unserem Wohl
die göttliche Vorsehung so eingerichtet; das Licht des
Tages durchdringt ihre ätherischen Körper ohne einen
Schatten zu bilden; das ist der Grund, warum wir
sie nicht sehen. Gilliatt bildete sich ein, daß, wenn
man die Atmosphäre, das Luftmeer wie das Wasser=
meer behandeln, wenn man dieses Meer wie ein
anderes befahren und Netze darin auswerfen könnte,
man eine Fülle der wunderbarsten Wesen finden würde.
Und, setzte Gilliatt träumerisch hinzu, es würden
viele Dinge offenbar werden, die unserem begrenzten
Menschenauge sich entziehen.

Die Träumerei ist der Gedanke im nebelhaften
Schlummerzustand. Die Luft, mit durchsichtigen
lebenden Wesen gefüllt, das wäre der erste Blick in
jene unbekannte Welt der Wunder. Aber die Voraus=

5*

ſetzung dieſer einen Möglichkeit, wie vielen anderen
Möglichkeiten und Vorausſetzungen öffnet ſie nicht
die Thore! Wo andere Weſen ſind, als die uns bekannten, da iſt auch eine andere Welt. Keine über-
natürliche Welt, nein, nur die verborgene geheimnißvolle Fortſetzung der unendlichen Natur. Gilliatt,
der ſeine Zeit mit dieſem geſchäftigen Müßiggang
träumeriſchen Denkens ausfüllte, welches das Weſen
ſeiner Exiſtenz geworden war, Gilliatt war ein wun-
derlicher Forſcher. Er ging ſo weit, ſogar den
Schlaf zu beobachten und den geheimnißvollen Orga-
nismus ſeiner Erſcheinungen zu ſondiren. Der Traum
brrührt das Mögliche, welches wir auch das Unwahr-
ſcheinliche nennen. Die Welt der Nacht iſt eine ſolche,
die mit der des Tages nichts gemein hat. Die Nacht
iſt ein Univerſum für ſich. Der materielle Orga-
nismus des Menſchen, auf welchem der Druck einer
fünfzehnhundert Meilen hohen Luftſäule laſtet, er-
müdet, wenn der Abend kommt. Der Menſch wird
matt, er legt ſich nieder und ruht aus. Die Augen
des Körpers ſchließen ſich. In dieſem Zuſtand der
Betäubung und ſcheinbarer Trägheit oder gänzlicher

Abwesenheit des Geistes öffnen sich innere Augen, die Blicke des Schläfers richten sich auf eine andere, unbekannte Welt. Die dunkeln Dinge dieser ungekannten Welt nähern sich dann dem Menschen. Diese Annäherung ist eine wirkliche oder visionaire. Es scheint, daß die unsichtbar im Weltraum Lebenden dann zu uns kommen, um uns, die Erdbewohner, neugierig zu betrachten; es steigen Phantome im Halbdunkel des Traumes zu uns herauf und hinab. Vor unserem geistigen Auge verwickeln und entwickeln sich die Bilder eines neuen unbekannten Lebens, welche uns unser eigenes Ich selbst in Verbindung mit andern unbekannten Wesen zeigen. Der Schläfer aber sieht mit dem halb umflorten Blick seines Bewußtseins jene seltsamen Thiergestalten, jene wunderbaren Pflanzen, Gespenster, Larven, jene schrecklichen oder lieblichen Gestalten, jenes verworrene Kaleidoskop der sonderbarsten Erscheinungen, jenes Mondlicht ohne Mond, jene dunkeln sich in Räthsel auflösenden Räthsel, jenen plötzlichen Wechsel der Gestaltungen, das ganze unergründliche Geheimniß, welches wir Traum nennen und welches doch

nichts Anderes ist, als das Nahen einer unsichtbaren Wirklichkeit. Der Schlaf ist das Aquarium der
Nacht.

So grübelte Gilliatt.

————————

Achtes Kapitel.

Der Felsen-Stuhl.

Man würde sich heute umsonst bemühen in der Bucht von Houmet das Haus Gilliatts, seinen Garten und den Hafen zu finden, in welchem er seine Schaluppe bewahrte. Das Gespensterhaus existirt nicht mehr. Das Haus auf der Landzunge fiel durch die Spitzhacken der Felsensprenger. Die Schiffe der Granithändler wurden mit seinen Trümmern beladen. Aus diesen Steinen wurden Quais, Kirchen, Paläste in der Hauptstadt gebaut. Der ganze Klippenkamm ist schon seit langer Zeit nach London gewandert.

Diese in das Meer ragenden Felsen mit ihren Sprüngen, Rissen und Einschnitten sind wahrhafte

kleine Bergketten. Man hat, wenn man sie sieht,
etwa den Eindruck, den ein Riese beim Anblick der
Corbilleren haben würde. In der Landessprache wer=
den sie Bänke genannt. Diese Bänke bieten ver=
schiedene Gestaltungen und Formen. Einige sehen aus
wie ein Rückgrat, andere wie Wirbelbeine; diese wie
Fischgräten, jene wie trinkende Krokodile.

An der äußersten Spitze der Felsenbank am Ge=
spensterhaus, befand sich das sogenannte Kuhhorn, ein
Name, welchen die Fischer von Houmet einem großen
pyramidenförmigen Felsen gegeben hatten, der, wenn
auch von weniger beträchtlicher Höhe, viele Aehnlich=
keit mit der sogenannten Zinne von Jersey hatte.
In der Zeit der Flut wurde er von der mit ihm
zusammenhängenden Felsenkette der Bank abgeschnit=
ten und stand vereinzelt im Meer. Während der
Ebbe war es möglich ihn zu ersteigen. Die Meer=
seite dieses Granitkolosses bot dem Auge des Be=
schauers eine ganz besondere Merkwürdigkeit dar. Die
Arbeit der Wogen hatte nämlich auf diesem Felsen
eine Art Stuhl gezimmert, den der Regen sehr
glatt polirt hatte. Dieser Stuhl war ein tückischer

Verräther. · Es schien, als habe ihn die Natur
eigens zu dem Zweck gemacht, um dem Bewunderer
eine Stelle zu gewähren, von wo aus er die herrliche Gegend überschauen könne; er war um so verführerischer, als er den Naturschwärmer mit einer
unwiderstehlich verlockenden Gewalt zu sich empor zog.
Es liegt ein großer Reiz in weiten Fernsichten. Der
Stuhl bildete eine Art Nische in der zackigen Felsenwand, und es war nicht allzuschwer, diese Nische zu
erklettern. Das Meer, welches für den Bewunderer
seiner Schönheit einen Stuhl in diese Nische gestellt,
hatte auch durch treppenartig angeschwemmte Granit-
blöcke dafür gesorgt, daß der Naturfreund dieselbe
ohne allzugroße Anstrengung, ja mit einer gewissen
Bequemlichkeit erreichen konnte. Der Abgrund ist
wohl höflich und zuvorkommend; man darf aber
ihrer Höflichkeit nicht trauen. So ein Plätzchen, welches die Natur an mancher Stelle wie ein Schild
ausstellt, auf dem geschrieben steht: „Zur schönen
Aussicht," ist sehr verführerisch. Und dieser Felsenstuhl war ganz besonders einladend. Er lockte unwiderstehlich, man mußte ihn erklettern! Man erklet-

terte ihn, setzte sich barauf und genoß der entzückend-
sten Aussicht. Den Sitz dieses merkwürdigen Stuhles
hatte der Meeresschaum geglättet und gerundet; seine
Lehne bildeten zwei Krümmungen, welche sich an der
Felsenwand bis an den Gipfel des sogenannten Kuh-
horns hinaufzogen. Man bewundert die kolossale Stuhl-
lehne über seinem Haupt, ohne daran zu denken, daß
das Ersteigen dieser äußersten Felsenspitze unmöglich ist.
Der Stuhl hat das Eigenthümliche, daß man alle
diese Dinge und sich selber auf ihm vergißt. Man
hat an andere Dinge zu denken; die Aufmerksamkeit
ist durch die herrliche Fernsicht gefesselt. Der Blick
über den weiten Wasserspiegel ist unbegrenzt. Das
weite Meer, auf welchem so viele Schiffe kreuzen
die das Auge verfolgen kann, bis sie wie kleine
Punkte sich hinter den Casquets in der Rundung des
Oceans verlieren, bezaubert und berückt uns. Die
erquickende Meerluft umschmeichelt die Wangen des
Wanderers und spielt mit seinen Haaren — o, es
ist ein Genuß, eine wahre Herzensfreude! — In der
Gegend von Cayenne giebt es eine Fledermaus, die
sehr wohl weiß, warum sie Dich mit dem sanften

Wefen ihres Flügelschlages einschläfert. Der Wind
ist eine solche unsichtbare Fledermaus: wenn er nicht
fortreißt, so schläfert er ein. Der Wanderer betrachtet das Meer, belauscht den Wogenschlag, vernimmt
das Rauschen des Windes. Unmerklich wird er vom
Entzücken eingeschläfert. Ist das Auge von einem
Uebermaß von Glanz und Schönheit erfüllt, dann ist
es eine Wolluft, es zu schließen. Plötzlich erwacht
man. Es ist zu spät! Die Flut ist allmälig gewach-
sen. Das Wasser hat den Felfen bedeckt. Man ist
verloren.

Entsetzliche Belagerung durch die steigende Flut!

Anfangs bilden die Wogen nur kleine Hügel;
unmerklich steigen sie höher; und wenn sie die Höhe
der Felfen erreicht haben, rafen sie und schäumen vor
Wuth. Nur in seltenen Fällen gelingt die Rettung;
die gewandtesten Schwimmer wurden am Kuhhorn in
der Nähe des Gespensterhauses von den Wogen verschlungen.

Zu gewissen Zeiten und an gewissen Stellen in
das Meer zu schauen, ist tödtlich. Faft so tödtlich
wie mitunter, in das Auge eines Weibes zu schauen!

Die ältesten Bewohner von Guernesey nannten
diesen von den Wogen des Meeres gemeißelten Felsen=
stuhl: Gild = Holm = 'Ur, oder Kidormur. Es ist
dieses ein celtischer Ausdruck, dessen Sinn dem der
celtischen Sprache Unkundigen entgeht, jedoch dem
Franzosen verständlich ist. „Qui-dort-meurt.“ Das
Idiom des Landes hat diesen Namen in Kidormur
verwandelt.

Es steht Jedem frei zwischen der Uebersetzung:
Qui-dort-meurt und jener zu wählen, welche im
Jahre 1819 ein Gelehrter aus der Bretagne, ein ge=
wisser Herr Athenas, lieferte. Dieser ehrenwerthe
Sprachkundige übersetzte die celtische Benennung:
Gild = Holm = 'Ur: Halte=Platz der Vögel=
schwärmer.

Es existirt auch in Aurigny ein solcher Stuhl,
den man den Mönchs = Stuhl nennt. Die Wogen
haben ihn so sauber gemeißelt und mit einem so
künstlichen Granit = Betpult versehen, als wollten sie
dem Anbeter der Naturschönheiten einen Schemel
unter die Knie schieben.

Zur Zeit der Fluth verschwand der Stuhl von

Gild=Holm=’Ur ganz in den Wogen. Das Wasser machte ihn unsichtbar.

Dieser Felsenstuhl war ein Nachbar des Gespensterhauses. Gilliatt kannte ihn genau. Er besuchte ihn oft, und setzte sich auf denselben. Dachte er nach? Nein, Gilliatt dachte nicht, er träumte; doch ließ er sich niemals von der Flut überraschen.

Zweites Buch.

Mess Lethierry.

Erstes Capitel.

Unruhiges Leben, ruhiges Gewissen.

Meß Lethierry, ein angesehener Mann in St. Sampson, war ein tüchtiger Seemann. Er hatte sich in seinem Leben fleißig auf dem Wasser herumgetummelt und, so zu sagen, von der Pike auf gedient. Er hatte alle Grade der Seemannslaufbahn durchgemacht. Vom Schiffsjungen war er zum Segelaufhisser, vom Segelaufhisser zum Steuerbootsmann, vom Steuerbootsmann zum Hochbootsmann, vom Hochbootsmann zum Zeugmeister, vom Zeugmeister zum Obersteuermann, vom Obersteuermann zum Capitän avancirt. Jetzt war er ein Rheder. Das war ein Mann, der seinen See=Katechismus im Kopfe hatte. Bei Strandungen war er auf dem Platze.

In Sturm und Wetter sah man ihn am Meeresufer.
Er beobachtete die Wolken, den Wind, das Meer, die
Schiffe; er hatte das Auge überall. Was ist das
Schwarze da hinten? Es ist ein strandendes Schiff.
Es ist ein Sardellenboot aus Weymouth — ein
Kutter aus Aurigny — die Yacht eines Lord —
es ist ein Franzose — ein Engländer — ein Armer
— ein Reicher — es ist der Teufel — einerlei! Er
sprang in's Boot, rief ein paar tüchtige Leute zusammen; waren sie nicht rasch genug zur Hand, so
ging er allein und that alles Nothwendige selber.
Er löste das Bindseil, ergriff das Ruder, und hinaus
ging es in die offene See. Bergauf, bergab tanzte
das Schifflein zu der Musik des Sturmes und
der Begleitung der zischenden brausenden Wogen,
trotzend der Gefahr. Man sah ihn aufrecht stehen in
seinem Boot, den tapferen Helden des Meeres, vom
Sturm gepeitscht, von Blitzen umzuckt, triefend von
Himmels- und Meereswasser, das Gesicht eines Löwen
mit einer Mähne von Schaum. Er wagte für Menschen, Schiffe und Güter tausend und aber tausend
Mal sein Leben, denn das war seine Lust. Es war

feine Luft, dem Sturm feinen Raub abzujagen. War er aber Abends nach Hause zurückgekehrt so — strickte er Strümpfe.

Dieses Leben führte er fünfzig Jahre, vom zehnten bis zum sechszigsten, so lange er jung war. Als er sechszig Jahre zählte, war er nicht mehr, wie ehemals im Stande, den Ambos der Schmiede zu Barclln, welcher dreihundert Pfund wog, mit einem Arme zu heben. Der Rheumatismus hatte ihn gefangen genommen; er mußte dem Meere entsagen. Nun war für ihn der Uebergang aus dem Zeitalter der Herren in das der Patriarchen gekommen; er war nun nichts weiter als ein guter alter Herr.

Mit dem Rheumatismus war auch der Wohlstand bei ihm eingekehrt. Diese beiden Früchte der Arbeit halten gute Kameradschaft mit einander, sie kommen meistens zusammen. Wenn man reich wird, wird man gelähmt. Das ist der Lohn eines Lebens.

Man sagt sich: jetzt wollen wir uns des Lebens freuen.

Auf Inseln wie Guernesey giebt es zweierlei Menschen, solche, welche ihren Acker bauen, und solche,

6*

die die Erde umreisen. Das sind die beiden
Arbeiter-Arten, welche diese Inseln hervorbringen:
Land- und Meer-Arbeiter. Meß Lethierry war Einer
von den Letzteren. Doch war ihm auch das Land
nicht fremd: er kannte Land und Meer, mit Beiden
war er vertraut. Ein Leben voll harter Arbeit
lag hinter ihm. Er war auf dem Continent gewesen
und hatte lange Zeit in Rochefort und auch später
in Cette als Schiffszimmermann gearbeitet. Wir
sprachen eben von der Reise um die Welt. Dazu gehört auch Frankreich, welches er als Schiffszimmer-
manns-Geselle in allen Richtungen durchwanderte.
Dann hatte er in der Franche-Comté in den
Salinen gearbeitet und überhaupt das Leben eines
Abenteurers geführt. In Frankreich lernte er lesen, denken und wollen. „Prüfet Alles und behaltet das Beste,"
war sein Wahlspruch, und er hatte Alles geprüft, Alles
gesehen, Alles versucht, Alles gethan, und überall die
Probe der Redlichkeit bestanden. Er war ein geborener Seemann; das Wasser gehörte ihm. Die
Fische sind meine Gäste, sagte er. Sein ganzes Leben, zwei, höchstens drei Jahre abgerechnet, hatte er

dem Ocean geweiht: in's Waſſer geworfen, wie er ſich ausdrückte. Er hatte alle großen Meere befahren, das Atlantiſche wie das Stille Meer; doch gab er dem Canal den Vorzug. Von ihm ſagte er mit ·begeiſterter Liebe: „Das nenn' ich ungeſtüm!“ An ſeinen Ufern war er geboren, dort wollte er auch ſterben. Nachdem er zwei Mal die Erde umkreiſt hatte, wußte er, was er von ihm zu halten hatte. Er zog ſich nach Guerneſey zurück, und blieb dort ſitzen. Seine Reiſen beſchränkten ſich auf Granville und St. Malo.

Meſſ Lethierry war ein Guerneſeyer, alſo ein Normanne; das heißt ebenſowohl Engländer als Franzoſe. In ihm und für ihn aber war dieſe, ſeine vierfache Heimath unter= und aufgegangen in dem, ſeiner einen großen Heimath, dem Ocean. Immer und überall in ſeinem Leben hatte er die Sitten des Fiſchers der Normandie bewahrt. Das verhinderte ihn indeſſen nicht, gelegentlich eine alte Scharteke auf= zuſchlagen, gern ein Buch zu leſen, die Namen aller Dichtern und Philoſophen zu kennen und alle möglichen Sprachen ein wenig zu radebrechen.

———

Zweites Capitel.

Mess Lethierry's Liebhaberei.

War Gilliatt menschenscheu, so war es Mess Le=
thierry nicht weniger, doch hatte seine Menschenscheu
eine gewisse Eleganz.

In Bezug auf Frauen war er anspruchsvoll.
In seiner Jugend, man kann sagen seiner Kindheit,
zwischen Matrosen und Schiffsjungen, hatte er einmal
den Amtmann von Suffren ausrufen hören: Siehe
da! Ein hübsches Mädchen. Schade, daß sie
so verteufelt große rothe Hände hat! Das
Wort eines Admirals ist in allen Dingen Befehl,
und deßhalb hatte auch dieser Ausruf einen großen
Eindruck auf das Gemüth des kleinen Schiffsjungen

gemacht. Von diesem Augenblicke an wurde Lethierry
sehr anspruchsvoll im Punkt der kleinen, weißen Händ=
chen, obgleich die seinen breite, mahagonifarbige Spa=
ten waren. Es waren Keulen an Leichtigkeit, Schmiede=
zangen an Zartheit, und sie konnten Pflastersteine zer=
malmen, wenn sie sich zur Faust schlossen.

Meß Lethierry hatte sich nicht verheirathet.
Vielleicht fand er nicht, was er suchte, vielleicht hatte
er aber gar nicht gesucht. Oder sollte seine Ehe=
losigkeit das Resultat einer vergeblichen Jagd nach
kleinen Händchen sein? Die feinen Hände einer Her=
zogin sucht man vergeblich bei den Fischerinnen von
Portbail.

Er soll indessen doch einmal in seinem Leben
die Bekanntschaft solcher Hände gemacht haben, und
zwar in Rochefort — so erzählen wenigstens die Leute.
Dort fand er nämlich sein Ideal in Gestalt einer Grisette,
welche nicht allein schön war, sondern auch die aller=
zierlichsten Hände hatte, die man sehen konnte.
Dieses reizende Wesen verleumdete aber und kratzte,
so daß es gefährlich war, mit ihr etwas zu thun
zu haben.

Obgleich mit Hülfe der Scheere für den Noth-
gebrauch zu Krallen zugespitzt, waren die Nägel dieser
niedlichen Händchen von untadelhafter Sauberkeit; es
waren Nägel ohne Furcht und Tadel. Diese reizenden Nägel hatten Lethierry bezaubert; später zwar
fürchtete er sich ein wenig davor, und um sein eigener
Herr zu bleiben, führte er dies Liebchen nicht zum
Trаualtar.

In Aurigny lernte er ein anderes Mädchen
kennen, welches ihm gefiel. Dies Mal dachte er an's
Heirathen; er wollte schon Vorbereitungen treffen,
als Jemand zu ihm sagte: Ich mache Euch mein
Compliment, Ihr werdet eine gute Frau bekommen:
sie ist erprobt.

— Wieso?

— Sie blieben hängen.

— Was?

— Die Kuhfladen.

Der gute Bürger von Aurigny erklärte nun
dem erstaunten Lethierry das Räthsel folgendermaßen. Jedes Mädchen, sagte er, das bei uns zu
Lande ein Freier als Hausfrau heimführen will, muß

sich erst durch den Kuhfladenwurf als künftige gute
Wirthschafterin legitimiren. Der Akt der Legitimation
aber wird so vollzogen. Das Mädchen muß auf
eigenthümliche Art einen Kuhfladen an die Wand
werfen. Bleibt dieser hängen, so ist es ein gutes
Zeichen; er trocknet dann an der Wand, fällt ab,
und wird als Brennmaterial benutzt. Man nennt
dies Torfmachen. Bei uns heirathen die Männer
nur gute Torfmacherinnen. Dieses Talent mußte
Lethierry etwas anrüchig erschienen sein, denn von
Stunde an kehrte er der Kuhfladen-Torf-Fabrikantin den
Rücken. Er war, wie gesagt, sehr anspruchsvoll
im Punkt der Zartheit bei dem schönen Geschlecht.

Uebrigens hatte Lethierry im Punkte der Liebe,
oder vielmehr der Liebesaffairen, seine eigenen Ansichten.

Er war ein Anhänger jener gesunden Philosophie,
welche stets den breiten Weg zu ihrem Ziele wählt und
liebte deßhalb in einer Frau nicht das Geschlecht, sondern
er liebte die Frau in ihrem ganzen Geschlecht. Er
machte auch kein Hehl daraus, sondern gestand ganz

offen, daß ihm der „Unterrock" in seiner Jugend oft gefährlich gewesen sei. Was man damals Unterrock nannte, heißt jetzt Crinoline. Mit diesem Ausdruck bezeichnet man etwas mehr, und etwas weniger als eine Frau.

Die Seeleute des normannischen Inselmeers sind nicht ohne Geist und Kenntnisse. Fast Alle können lesen, und man sieht des Sonntags winzige Schiffsjungen von acht Jahren, ein Buch in der Hand, auf einer Segeltuchrolle sitzen und emsig lesen. Zu allen Zeiten aber waren die normannischen Schiffer aufgeräumte, muntere, witzige Leute. Sie machten gern bei Gelegenheit ihr Späßchen und waren in Wortspielen ganz besonders erfinderisch. Einer von ihnen, ein verwegener Lootse mit Namen Quéripel, sagte zu dem nach Jersey geflüchteten Montgomery, in Beziehung auf dessen unglücklichen Lanzenwurf, der Heinrich II. das Leben kostete: „Ein Tollkopf hat einen Hohlkopf zerbrochen!" Ein Anderer, ein Schiffscapitän zu St. Brelade, Namens Toupeau, machte jenes philosophische Wortspiel, das mit Unrecht dem Bischof

Camus zugeschrieben wurde: Nach dem Tode werden die Päpste, des Bannstrahls Schmetterer, zu Schmetterlingen und die Majestäten zu Mabenstätten.

Drittes Capitel.

Man ist verwundbar in dem was man liebt.

Meß Lethierry hatte das Herz auf der Hand;
eine breite Hand, ein großes Herz. Sein größter
Fehler war jene bewunderungswürdige Eigenschaft:
das Vertrauen. Er hatte eine besondere Weise sein
Wort zu geben. Wenn er sagte: Ich gebe dem
lieben Gott mein Ehrenwort darauf, so konnte
ihn selbst der Teufel nicht abhalten, sein heiliges
Versprechen zu erfüllen. Er glaubte an den lieben
Gott, sonst an nichts. In die Kirche ging er nur,
wenn die Höflichkeit ihn gelegentlich dazu veranlaßte.
Auf dem offenen Meere war er abergläubisch.

Dennoch machte ihn selbst der heftigste Sturm
nicht muthlos. Das kam daher, weil Meß Lethierry
den Widerspruch nicht ertragen konnte. Er dul=
dete ihn vom Ocean ebenso wenig, wie von einem
Anderen. Alles sollte ihm gehorchen. Mochte
immerhin das Meer zuweilen sich bäumen, er wußte
es stets auf seine Seite zu bringen, denn es
war einmal sein Grundsatz, niemals zu weichen.
Weder eine aufsteigende Woge, noch ein streitsüchti=
ger Nachbar konnten ihn von diesem Grundsatz ab=
bringen. Was er einmal gesagt hatte, das war ge=
sagt, und was er sich einmal vorgenommen hatte, das
stand fest. Er ließ sich eben so wenig von einer
Gegenrede als von einem Sturm beirren. Das
Wort: „Nein" existirte für ihn weder auf den Lippen
eines Menschen, noch in dem Grollen des Donners.
Ja er ging noch weiter: er duldete keinen Wider=
spruch. Sein Eigensinn im gewöhnlichen Leben
und seine Kühnheit auf dem Ocean gaben davon
Zeugniß.

Er bereitete sich gern seinen Teller Fischsuppe
selber, wobei er die richtige Dosis Pfeffer und Kräuter

auf ein Haar zu treffen wußte, und was er selbst ge=
kocht hatte, schmeckte ihm am besten. Meß Lethierry
war linkisch auf dem Lande, doch eigener Art und
furchtbar auf dem Meere; er hatte einen Lastträger=
Rücken, fluchte niemals, und der Zorn war bei ihm
eine äußerst seltene Erscheinung; seine Stimme war
gewöhnlich schwach und sanft, verstärkte sich aber im
Sprachrohr zum Donnerton. Er war ein Bauer, der
die Encyklopädie gelesen, ein Guernesey er, welcher
die Revolution gesehen, ein gelehrter Unwissender;
er war nicht bigott, aber ein Phantast; er hatte
mehr Glauben an die weiße Frau, als an die heilige
Jungfrau; seine Kraft war die eines Polyphem,
seine Logik die einer Wetterfahne, sein Wille der
Wille eines Columbus. Er hatte Etwas von einem
Stier und Etwas von einem Kinde. Uebrigens hatte
er eine Stumpfnase, kräftige Backen, einen Mund
mit kerngesunden und vollständigen Zähnen; ein fal=
tiges, sonnenverbranntes, schon fünfzig Jahre von dem
Meerwasser bespültes und von der Windrose wieder
getrocknetes Gesicht; eine Stirn, auf der beständig Wet=
terwolken drohten. Denke Dir zu diesem rauhen harten

Seemanns = Gesicht noch ein gutmüthig blickendes Auge hinzu, so hast Du Mess Lethierry wie er leibt und lebt.

Mess Lethierry hatte zwei Neigungen: Durande und Deruchette.

———

Drittes Buch.

Durande und Deruchette.

Erstes Capitel.

Geplauder und Rauch.

Vielleicht ist der menschliche Körper nur ein
Schein. Er verbirgt unser wahres Wesen; er legt
sich wie eine dichte Masse um unser Licht oder unsern Schatten. Unser wahres Wesen ist die Seele.
Wenn wir es genau nehmen, so ist unser Angesicht
eine Maske, welche das wahre, eigentliche Gesicht, das
der Seele, verbirgt. Wenn man einmal den wahren
Menschen, das wahre Menschenantlitz hinter dieser
Fleisch-Maske sehen könnte, welche Ueberraschungen
würde diese Enthüllung bieten! Der allgemeine
Irrthum besteht darin, daß man den äußeren Menschen für das wahre Wesen hält. Manches junge

7*

Mädchen z. B. würde, in ihrer wirklichen Gestalt gesehen, als ein Vogel erscheinen.

Ein Vogel in Gestalt eines Mädchens — kann es etwas Reizenderes geben? Wollt Ihr ein solches Wesen kennen lernen, so seht Euch Deruchette an: Sie ist ein Vögelchen in einem Mädchenleib, ein herzig Vögelchen! Wenn man sie sieht, möchte man ihr zurufen: Guten Morgen, kleine Bachstelze! Man sieht nicht die Flügel, aber man hört das Zwitschern, bisweilen sogar einen Gesang. Das Zwitschern steht unter, der Gesang über der Menschenstimme; er ist voll geheimnißvoller Offenbarungen. Ein Mädchen ist eine fleischgewordene Engelsseele. Wenn die Jungfrau Weib wird, entflieht der Engel und kommt erst wieder, wenn er der Mutter eine kleine Seele bringt. Die künftige Mutter bleibt lange Zeit ein Kind; das „kleine Mädchen" lebt noch fort im „jungen Mädchen", und dieses kleine, junge Mädchen ist eine Grasmücke. Beim Anblick einer solchen Grasmücke denkt man unwillkürlich: Wie lieb ist es doch von ihr, daß sie nicht fortfliegt! Dies herzige kleine Wesen wird heimisch, es fliegt von Zweig zu Zweig, oder viel-

mehr von Zimmer zu Zimmer; man sieht es überall,
es kommt und geht, es nähert und entfernt sich und
kommt wieder; es putzt die Federn oder kämmt die
Haare; man hört das leise Geräusch seines Flügel=
schlages; es singt uns etwas, wir antworten; dann
fragen wir etwas: statt der Antwort zwitschert die
kleine Grasmücke. Man spricht nicht mit ihr,
man plaudert. Das Plaudern ist eine Erholung,
ein Ausruhen vom Sprechen. Ach, es plaudert sich
so angenehm mit solch' einem kleinen Wesen! Es
hat Etwas vom Himmel an sich; es ist ein blauer
Gedanke, der sich mit unseren schwarzen Gedanken
vermählt. Wir wissen ihm Dank, daß es bei
seiner leichten, ungreifbaren Flüchtigkeit es doch so
gut mit uns meint, uns seinen Anblick zu gönnen;
denn ein so luftiges Wesen hat sicher auch die Gabe,
sich unsichtbar zu machen. Das Schöne hienieden ist
das Nothwendige. Es giebt auf Erden wenig so be=
deutende Pflichten, als die, reizend zu sein. Der
Wald müßte verzweifeln ohne Singvögelchen. Freude
ausströmen, Glück ausstrahlen, helles, farbenreiches
Licht über das Dunkel dieser Erde breiten, die Ver=

goldung des Schicksals, die Harmonie, die Grazie, die
Anmuth sein, heißt uns einen Dienst erweisen. Die
Schönheit wirkt wie eine Wohlthat des Himmels; wir
fühlen uns ihr zu Dank verpflichtet, obgleich sie weiter
nichts thut, um sich diesen unseren Dank zu verdienen,
als daß sie eben schön ist. Es giebt Wesen, welche
einen feenhaften Zauber über ihre Umgebung verbrei=
ten; zuweilen wissen sie dies selber nicht, doch gerade
hierdurch wird ihre Gewalt über uns eine unum=
schränkte; denn nichts ist reizender, nichts verführerischer,
als die ihrer selbst unbewußte, ahnungslose Schönheit.
Ihre Gegenwart verklärt, ihre Nähe erwärmt wie
das Sonnenlicht; wir freuen uns ihres nur flüchti=
gen Grußes und sind beglückt, wenn sie bei uns ver=
weilt; sie anschauen, ist Leben. Durch ihre bloße
Gegenwart macht sie das Haus, das sie umfängt,
zum Eden; aus ihren Poren strömen Paradieses=
Wonnen; und alle diese Wunder bewirkt sie ohne ihr
Hinzuthun, nur durch ihr bloßes Dasein.

Das Lächeln eines solchen Wesens birgt eine ge=
heime Kraft in sich, welche das Gewicht der Ketten
mindert, an welcher die ganze Creatur gemeinsam

schleppt. So ein Lächeln ist göttlich. Dieses Lächeln
hatte Deruchette; oder vielmehr: Deruchette war dieses
Lächeln. Es giebt Etwas, was unserm inneren
Wesen mehr gleicht, als unser Angesicht: das ist unsere Physiognomie. Und wieder giebt es Etwas, was
uns noch ähnlicher sieht, als unsere Physiognomie:
das ist unser Lächeln. Die lächelnde Deruchette,
das war Deruchette.

Es steckt den Bewohnern von Jersey und
Guernesey eine ganz eigenthümliche Anziehungskraft
im Blute. Die Frauen und Mädchen besonders sind
frische, blühende Rosen. Das zarte Weiß ihrer
Hautfarbe ist englischen, die blühende Frische normännischen Ursprungs. Sie haben rosige Wangen
und blaue Augen; doch fehlt es diesen schönen
blauen Augensternen an Glanz; die englische Erziehung hat ihn gedämpft. Das klare feuchte Blau
dieser englischen Augen wird unwiderstehlich sein, wenn
ihm einst das französische Feuer Glanz verleihen
wird. Bis jetzt aber sind die Engländerinnen noch
unbeeinflußt vom französischen Wesen geblieben. Deruchette war keine Französin, sie war auch keine Eng-

länderin. Nicht Guernesey, St. Pierre-Port war ihr
Geburtsort; aber Meß Lethierry hatte sie erzogen.
Sie sollte zu einem Herzblättchen erzogen werden.
Sie war eins geworden. Vielleicht wußte sie kaum
den Sinn des Wortes Liebe zu fassen; dennoch machte
es ihr Vergnügen, Liebe einzuflößen; doch ohne Arg,
müssen wir hinzufügen. Sie dachte nicht an's Heirathen.

Deruchette hatte ganz allerliebste kleine Händchen
und eben solche Füßchen. „Vier Fliegenfüßchen,"
sagte Meß Lethierry. Sie war von der Natur und
vom Glück nicht eben stiefmütterlich behandelt. Sanft-
muth und Güte waren ihr in ihrer eigenen Person
verliehen, mit Familie und Reichthum war sie in der
Person ihres Oheims, Meß Lethierry ausgestattet;
ihre Arbeit bestand in der Kunst zu leben; ihr Talent
war der Gesang einiger Volkslieder, ihre Wissenschaft
war die Schönheit, ihr Geist die Unschuld, ihr Herz die
Unwissenheit. Sie hatte jene anmuthige Trägheit der
Creolin, welche mit Unbesonnenheit und Lebhaftigkeit
gepaart ist. Zu der neckischen Fröhlichkeit des Kindes

gesellte sich ein Hang zur Schwermuth. Die Art ihrer Kleidung verrieth die Insulanerin, sie war elegant, ohne den Anforderungen des Geschmacks im strengsten Sinn des Wortes Rechnung zu tragen. Ihr Nacken war verführerisch, ihre Stirne frei und offen; sie hatte kastanienbraunes Haar, eine weiße Haut mit einigen kleinen Sommersprossen, volle, kräftige Lippen, welche die Sonne jenes unbeschreiblich verführerischen Lächelns verklärte. Das war Deruchette.

Wenn die Dämmerung ihre grauen Nebelschleier über das Meer ausbreitet, wenn die Wogen mit einer Art Erschrecken den kühlen Hauch der Nacht auf ihrem Nacken fühlen, sah man zuweilen eine koloffale Maffe ihre unförmigen Umriffe in den düftern Wafferspiegel tauchend, in die Bucht von St. Sampson einlaufen. Dieses Ungeheuer schnaufte und röchelte wie ein wildes Thier; es dampfte wie ein Vulcan und wie eine ungeheure Wafferschlange wälzte es sich durch den Wogenschaum, einen langen Streif hinter sich lassend und näherte sich der

Stadt. Es gab dem Meer mit seinen starken Flos=
sen grimmige Fußtritte und spie Flammen und
Rauch aus seinem schwarzen Rachen. Das war
Durande.

———

Zweites Capitel.

Die ewige Geschichte von Utopien.

Ein Dampfschiff war im Jahre 182* in den
Gewässern des Canals noch eine Seltenheit, ein
angestauntes Meerwunder. Es war für die normännischen Seeleute eine lange Zeit ein Gegenstand
des Schreckens, der Bestürzung. Heute können die
Dampfer dort zu Dutzenden auf dem Meere kreuzen,
ohne auch nur die geringste Aufmerksamkeit zu erregen.
Höchstens richten Sachkundige ihr Augenmerk auf den
Schornstein, um an der Farbe des Rumpfes zu erkennen, ob die Schiffe ihre Kohlen aus Wales oder
aus Newcastle bezogen. Alles Andere ist ihnen gleich-
gültig. Man beschränkt die Aeußerungen seiner Theil-
nahme auf ein: „Willkommen!" wenn die Schiffe

anlangen, und wünscht ihnen eine „glückliche Reise!" wenn sie sich entfernen.

Im ersten Viertel des gegenwärtigen Jahrhunderts jedoch erregte die Erfindung dieser merkwürdigen Maschine die allgemeinste Verwunderung. Die Bewohner der Inseln des Canals betrachteten den Rauch der Dampfschiffe mit scheelen Blicken. Die Puritaner dieses Archipelagus, welche es der Königin von England übel genommen, daß sie gegen die Vorschrift der Bibel*) sich bei der Entbindung chloroformiren ließ, tauften das erste Dampfschiff, welches, die Erfindung mit Ruhm krönend, die Wogen des Canals mit scharfem kräftigem Fluge durchschnitt: „das Teufelsboot" (Devil-Boat). Diese guten Fischer, welche ehemals Katholiken waren, jetzt Calvinisten sind und immer bigott sein werden, sahen ein Dampfschiff für eine schwimmende Hölle an. Einer ihrer Geistlichen ließ sich über diese Frage folgendermaßen vernehmen: Gott

---

*) I. Buch Mosis Cap. III. Vers 16.: Du sollst mit Schmerzen gebären.

hat Feuer und Wasser von einander geschieden. Was Gott geschieden hat, darf der Mensch
das vereinigen?*) Gleicht dieses eiserne feuerspeiende
Ungethüm nicht dem Leviathan? Heißt das nicht, das
Chaos in die menschliche Ordnung wieder einführen?
Es war wohl nicht das erste Mal, daß man den Fortschritt als eine Rückkehr zum Chaos darstellte.

„Phantasterei, grober Irrthum, tolle
Ideen, lächerliche Abgeschmacktheit!" Das
war der Wahrspruch, den die Akademie der Wissen-
schaften zu Anfang des neunzehnten Jahrhunderts
Napoleon I. gab, als er die Dampfschifffahrts-Frage
ihrer Begutachtung vorlegte. Man kann es den
Fischern von St. Sampson nicht verargen und sie
sind gewiß zu entschuldigen, wenn sie sich in der
Wissenschaft nur bis zu der Höhe der Pariser Ma-
thematiker erhoben; was aber die Religion betrifft, so
darf man von den Bewohnern einer so kleinen Insel
wie Guernesey nicht mehr gesunde Vernunft als von
denen eines Continents wie Amerika erwarten.

------

*) 1. Buch Mosis Cap. 1. Vers 4.

Als im Jahr 1807 in Amerika das erste Dampf=
schiff „Foulton", von Levingstone kommandirt, in
die See stach — seine Maschine war von Watt aus
England hingesandt, und außer der Schiffsmannschaft
befanden sich nur ein Franzose Namens André Michaud
und noch ein anderer Passagier an Bord — wollte ein
Zufall, daß der Tag der Abfahrt der 17. August
war. Da nahmen die Methodisten das Wort; und
ihre Prediger predigten von allen Kanzeln und ver=
fluchten diese Erfindung, welche sie ein Blendwerk
des Teufels nannten. Sie erklärten, daß nicht um=
sonst der S i e b e n = z e h n t e des Monats zu dieser
Schifffahrt des Teufels festgesetzt sei; denn sieben
sei die Zahl der Köpfe und zehn die der Hörner des
Thieres der Apokalypse. In Amerika wurde das Thier
der Apokalypse, und in Europa das der Genesis gegen
das Dampfschiff aufgeboten. Das war der ganze
Unterschied. Die Gelehrten erklärten diese Erfindung
für unausführbar, die Geistlichen verwarfen sie als
gottlos. Die Wissenschaft verurtheilte, die Religion
verdammte sie. Fulton war eine Abart von Lucifer.
Die einfachen Küsten= und Landbewohner stießen

mit in das allgemeine Horn, weil sie den Kopf über
eine Erfindung schüttelten, die einen dicken Querstrich
durch das Register ihrer langjährigen Erfahrung
machte.

Es gehörte ein Mann wie Lethierry dazu, um
in dieser Zeit das Unternehmen zu wagen, einen
Dampfer von Guernesey nach St. Malo zu führen.
Er allein war im Stande, den Gedanken mit der
Freiheit des Denkers aufzufassen und mit der Kühn=
heit des Seemanns auszuführen. Mit seinem
französischen Geiste faßte er die Idee, mit seinem
englischen führte er sie aus.

Bei welcher Gelegenheit? Das werden wir so=
gleich erfahren.

———————

Drittes Capitel.

Rantaine.

Ungefähr vierzig Jahre vor dem Zeitabschnitt, in welchen unsere Erzählung fällt, stand in dem Weichbilde von Paris, nahe bei der Rundmauer, zwischen dem Wolfsgraben und dem Grabmal von Issoire, ein verdächtiges Haus. Es war eine einsam gelegene Spelunke, vielleicht Mördergrube. Hier wohnte mit Weib und Kind ein Biedermann von Bandit, welcher früher Advokatenschreiber gewesen war und jetzt ganz einfach das Handwerk eines Diebes ausübte. Später stand er vor dem Assisenhofe. Diese Familie hieß Rantaine. In der alten Spelunke war nur eine Kommode, worauf zwei gemalte Porzellantassen standen. Jede derselben hatte eine Inschrift. „Aus

Freundschaft" lautete die eine, „Aus Achtung" die andere. Das Kind wuchs in einer Kammer mit dem Verbrechen auf. Es erhielt, da beide Eltern aus dem kleineren Bürgerstand waren, eine gewisse Erziehung. Seine bleiche, in Lumpen gehüllte Mutter lehrte es lesen, wenn ihre Mitwirkung bei dem Handwerk ihres Mannes und ihr eigenes Geschäft, das der Prostitution, ihr dazu Zeit ließen. Wurden die Eltern durch ihre beiderseitigen Beschäftigungen abgerufen, so blieb das Crucifix in dem aufgeschlagenen Buche an der Stelle, wo man aufgehört hatte, liegen, und das Kind saß träumerisch davor.

Eines Tages waren Vater und Mutter, welche die Polizei bei einem Verbrechen auf frischer That ertappt hatte, unsichtbar geworden.

Das Kind verschwand ebenfalls.

Lethierry begegnete auf einer seiner Reisen einem Abenteurer; er zog ihn aus irgend einer schlimmen Sache, fühlte sich ihm dann durch einen Gegendienst verpflichtet, fand Gefallen an ihm, nahm ihn mit nach Guernesey und machte ihn, nachdem er in ihm einen tüchtigen Küstenfahrer entdeckt, zum Theil=

nehmer seines Geschäftes. Dieser Abenteurer war der
kleine Rantaine, der inzwischen herangewachsen war.

Rantaine hatte, wie Lethierry, einen sehr starken
Nacken, einen breiten, sogenannten Lastträger = Rücken
und die Lenden des Farnesischen Herkules. Lethierry
und Rantaine waren fast von gleicher Gestalt;
sie hatten auch denselben Gang. Beide neben
einander von hinten gesehen, hätte man für Brüder
halten können. Von vorne war es anders. Lethierry
hatte ein offenes Gesicht und ein aufrichtiges Gemüth.
Rantaine hatte ein verschlossenes Gesicht und einen
verstecktes, mißtrauisches Wesen. Er war in der
Waffenführung sehr geübt, spielte die Harmonika,
putzte ein Licht auf zwanzig Schritt durch einen
Pistolenschuß, konnte prächtig boxen, recitirte Verse
aus der Henriade und legte Träume aus. Er wußte
„die Gräber von St. Denis" von Treneuil aus=
wendig. Nach seiner Aussage war er mit dem Sul=
tan von Calcutta, „welchen die Portugiesen Zamorin
nennen", sehr befreundet. Wäre uns ein Blick in sein
Gedenkbuch gestattet gewesen, so hätten wir unter
anderen auch folgende Notiz gefunden: „In Lyon

ist in der Mauerritze einer gewissen Gefäng=
nißzelle in St. Joseph eine Feile verbor=
gen." Er sprach mit einer bedächtigen Langsamkeit
und nannte sich den Sohn eines Ritters vom heiligen
Ludwig. Seine Wäsche war ungleich und verschieden
gezeichnet. Niemand war im Punkte der Ehre so
empfindlich als er; er schlug sich leicht, und wenn
er es that, tödtete er den Gegner.

Er hatte im Blick Etwas von einer Theater=
Mutter.

Die Kraft, der List als Hülle dienend, das war
Rantaine.

Einer seiner famosen Faustschläge, welchen er auf
einem Jahrmarkt auf einen „Mohrenkopf" geführt,
gewann ihm das Herz Lethierry's. Man war in
Guernesey in völliger Unkenntniß über die Vergan=
genheit dieses Mannes. Seine Abenteuer waren sehr
bunt. Wenn die Schicksale in Charakter=Masken auf
dem Maskenball des Lebens erschienen, so hätte das
Rantaine's die Hanswurstjacke tragen müssen.

Er hatte die Welt gesehen und das Leben kennen
gelernt. Er war ein Weltumsegler. Seine verschie=

8*

benen Berufsarten gleichen einer Tonleiter. In
Madagascar war er Koch gewesen; in Sumatra
Vogelabrichter, in Honolulu General. Auf den Inseln
Gallapagos war er religiöser Tagesschriftsteller, in
Domrawuttee Dichter und in Haiti Freimaurer ge-
wesen. In dieser letzteren Eigenschaft hielt er in
Grand-Goave eine Leichenrede, von welcher die dorti-
gen Lokalblätter folgendes Fragment aufbewahrt haben:
..... „So leb' denn wohl, schöne Seele! In dem
azurfarbigen Himmelsgewölbe, wohin Du jetzt Deinen
Flug nehmen wirst, begegnest Du wahrscheinlich dem
guten Abbé Leander Crameau von Klein-Goave.
Sage ihm, daß es Dir nach einer zehnjährigen
ehrenvollen Wirksamkeit gelungen sei, den Bau der
Kirche Anse-à-Veau zu vollenden. Lebe wohl jetzt,
dahingeschiedener Geist, Muster eines Freimaurers!"
Seine Freimaurermaske hinderte ihn, wie man sieht,
nicht, die falsche Nase des Katholicismus zu tragen.
Die Erstere machte ihm die Männer des Fortschritts,
die Letztere die Männer der stabilen Ordnung geneigt.
Er gab sich für einen Weißen von reinem unver-
mischten Blute aus und haßte die Schwarzen. Den-

noch hätte er sicherlich Soulouque bewundert. In
Bordeaux war er im Jahre 1815 ganz kupfergrün
gewesen. Um diese Zeit entstieg der Rauch des
Royalismus seiner Stirn in Form einer ungeheuren
weißen Feder. Er brachte sein Leben damit hin,
plötzlich zu verschwinden, wieder aufzutauchen und
wieder zu verschwinden. Er kannte die türkische Sprache;
anstatt „guillotinirt" sagte er „neboisirt." In
Tripolis war er bei einem Thaleb Sklave gewesen;
hier wurde ihm die türkische Sprache eingeprügelt.
Man stellte ihm die Aufgabe, jeden Abend an den
Thüren der Moscheen den Gläubigen den Koran vor-
zulesen. Allem Anschein nach war er ein Renegat.

Er war zu Allem, ja sogar noch zu Schlim-
merem fähig. Er konnte zu gleicher Zeit lachen und
die Stirn runzeln. „In der Politik schätze ich
nur diejenigen, welche fremden Einflüssen
unzugänglich sind," sagte er. Er sagte ferner:
„Ich bin für die Aufrechterhaltung der Sittlichkeit,"
und: „Man muß die Pyramide von Grund auf neu
bauen." Er war eher lustig, als alles Andere, aber
die Form seines Mundes strafte seine Worte Lügen.

In den Augenwinkeln hatte er ein Faltennetz, in wel=
chem sich alle möglichen dunkeln Gedanken bergen
konnten. Das Geheimniß seiner Physiognomie war
nur hier zu entziffern. Die „Krähenfüßchen" neben
seinen Augenwinkeln glichen eher zwei Geierkrallen.
Sein Schädel war oben niedrig und an den Schläfen
breit, und sein unförmiges, mit Haarbüscheln bedeck=
tes Ohr schien zu sagen: Sprecht nicht mit dem
wilden Thier, das diese Höhle verbirgt.

Eines schönen Morgen war Rantaine aus
Guernesey verschwunden.

Der Geschäftstheilnehmer Lethierry's war „ver=
duftet" und hatte dem „Geschäft" nichts als die leere
Kasse zurückgelassen.

In jener Kasse befanden sich außer dem muth=
maßlichen Gelde Rantaine's fünfzigtausend Francs,
welche Lethierry gehörten.

Lethierry hatte sich als Küstenfahrer und Schiffs=
zimmermann durch vierzigjährige redliche Arbeit ein
Vermögen von hunderttausend Francs zusammenge=
spart. Rantaine stahl ihm die Hälfte davon.

Obgleich halb ruinirt, verlor Lethierry doch nicht

ben Muth, sondern dachte nur baran, wie er durch
neue Anstrengungen das verlorene Gut wieder ge=
winnen könne. Ein Mann von Herz kann wohl sein
Vermögen, aber nie den Muth verlieren. Man
sprach damals viel von dem neu erfundenen Dampf=
boot. Lethierry kam auf den Gedanken, mit der so
angefeindeten und verrufenen Maschine Fulton's
einen Versuch zu wagen. Durch die Dampfschifffahrt
wollte er den normännischen Archipelagus mit Frank=
reich verbinden. Er setzte den ganzen Rest seines Ver=
mögens an die Ausführung dieses Planes. Sechs
Monate nach der Flucht Rantaine's sah man aus
dem Hafen von St. Sampson ein dampfendes Schiff
in See gehen. Die verbutzten Inselbewohner glaub=
ten, es brenne. Es war der erste Dampfer, welcher
den Canal befuhr. Dieses Schiff, welches der Haß
und die Verachtung der Guerneseher gleich nach seiner
Abfahrt mit dem Spitznamen „Lethierry's Galiotte"
beehrten, kündigte an, daß er regelmäßige Fahrten
von Guernesey nach St. Malo unternehmen würde.

Viertes Capitel.

Das Teufelsschiff.

Dies Unternehmen stieß im Anfang, wie man sich denken kann, auf große Schwierigkeiten. Die Besitzer von Segelschiffen, welche, wie der Dampfer Lethierry's die Reise von der Insel Guernesey nach den französischen Küsten machten, waren sämmtlich außer sich. Sie bezeichneten dieses Unternehmen als einen Angriff auf die heilige Schrift, einen Eingriff in ihre Monopol=Rechte und suchten bei der Geist=lichkeit Schutz gegen die ihnen angethane, schwere Unbill. Einige Seelenhirten ließen es sich denn auch an=gelegen sein, dagegen zu donnern und Bannstrahlen zu schleudern. Einer von ihnen, der ehrwürdige Herr Elihu, erklärte das Dampfschiff für eine Freigeisterei und nur die Segelschiffe für orthodox. Man be=

merkte ganz deutlich Teufelshörner auf den von
Lethierry's Dampfer eingeführten Ochsen. Die
Unternehmung wurde lange Zeit durch solche gehässige
Reden und Verfolgungen aller Art erschwert. Nach
und nach aber fanden doch einige vernünftige Leute,
daß das Hornvieh durch die bedeutend abgekürzte
Zeit der Ueberfahrt weniger zu leiden habe und daher frischer und wohlerhaltener an Ort und Stelle ein-
treffe, weshalb das Fleisch gesunder, kräftiger und
wohlschmeckender sei. Auch selbst die Widerspänstig-
sten und Böswilligsten mußten zuletzt anerkennen, daß
die Reise auf einem Dampfboot weit gefahrloser,
sicherer, schneller und wohlfeiler als die auf den
Segelbooten, und die Abfahrt- und Heimkehrzeit
zuverlässig sei, daß dieser bedeutend schnellere Transport der Frische der Waaren, ganz besonders aber
der so beliebten und vortrefflichen Guerneseyer
Butter und den Fischen, sehr zu Statten komme.
Man mußte sich .endlich entschließen, der so ge-
schmähten, so verwünschten und verspotteten Galiotte Lethierry's folgende Vorzüge nachzurühmen:
Größere Sicherheit der Reise, Regelmäßigkeit des

Verkehrs, bequemere Art des Transportes, wodurch eine größere Ausdehnung des Handels und eine
Vermehrung des Waarenabsatzes erzielt wurde. Es
lag also auf der Hand, daß wenn wirklich das Teufelsboot sich den Gesetzen der Bibel gegenüber als Freigeist bekundete, dieser Freigeist den Inseln des
Canals und besonders Guernesey einen wesent-
lichen Dienst leiste. Einige starke Geister der Insel gingen sogar so weit, dem verrufenen Teufelsboot in allem Ernste das Wort zu reden. Einer
dieser starken Geister war der Sieur Landoys. Die
Achtung, welche Sieur Landoys, der Gerichtsschrei-
ber, dem Teufelsschiff zollte, war um so anerkennens-
werther, weil derselben eine sehr schätzbare Unpartei-
lichkeit zu Grunde lag. Sieur Landoys war nämlich ein persönlicher Gegner Meß Lethierry's, dem er
es nicht vergeben konnte, daß er ein Meß, dagegen
er, Landoys, nur ein Sieur war. Obgleich Schrei-
ber im Hafen von St. Pierre, gehörte Letzterer doch
zu der Pfarrei von St. Sampson. In jener Pfarrei
waren aber nur zwei Männer ohne Vorurtheil, er
selber und Meß Lethierry. Aus diesem einfachen

Grunde haßten sich Beide. „Was sich gleicht, stößt sich ab," sagt das Sprüchwort.

Nichtsdestoweniger bewahrte Sieur Landoys so viel Freiheit der Gesinnung, daß er, ungeachtet seines persönlichen Widerwillens gegen den Besitzer desselben, für das Teufelsschiff Partei ergriff. Kaum hatten die Bewohner von Guernesey von dieser erklärten Anhängerschaft Sieur Landoys' Notiz genommen, als sich nach und nach und in nicht gar langer Zeit eine förmliche „Partei Teufelsschiff" bildete. Und der sich immer steigernde Erfolg dieser Unternehmung, die immer heller an das Licht tretenden Vorzüge derselben, der dadurch wachsende Wohlstand der Bevölkerung von Guernesey errangen zuletzt, einige wenige Ausnahmen abgerechnet, die allgemeinste Anerkennung. Das Teufelsschiff war für sämmtliche Bewohner der Inseln des Canals ein Gegenstand der Bewunderung geworden.

Heut, nach vierzig Jahren, würde man diese Bewunderung belächeln; denn das Teufelsschiff war im Vergleich zu unseren heutigen eleganten, bequemen Dampfschiffen ein Barbar, ein Urwäldler.

Zwischen unsern heutigen großen transatlanti=

schen Dampfern und dem Feuer= und Räderschiff, mit welchem Denis Papin im Jahre 1707 auf der Fulda einen Versuch machte, ist kaum ein geringerer Unter= schied als zwischen dem Dreidecker „Montebello", der 200 Fuß lang, 50 Fuß breit ist, einen großen Mast von 115 Fuß Höhe und 3000 Tonnen Gehalt hat, 1100 Mann, 10,000 Kugeln und 160 Kartätschen= ladungen trägt, im Gefecht von jedem Bord 3300 Pfund Eisen speit — und dem Dänischen Kriegsschiff des zweiten Jahrhunderts, das angefüllt mit Stei= nen, Bogen und Keulen, in den Sümpfen von Wester= Saruy gefunden wurde und im Rathhaus von Flens= burg noch aufbewahrt wird.

Es liegt ein Zeitraum von hundert Jahren — 1707—1807 — zwischen dem Papin'schen und Ful= ton'schen Schiffe. Lethierry's Galiotte war ohne Zweifel gegen diese beiden „Versuche" ein Fortschritt zu nennen ohne mehr als ein, den übrigen sich an= reihender Versuch zu sein. Doch fiel er meisterhaft aus. Jeder Embryo der Wissenschaft zeigt sich unter diesem zwiefachen Gesichtspunkt: als Fötus ein Un= geheuer, als Keim ein Wunder.

Fünftes Capitel.

Meß Lethierry macht Carriere.

Das Teufelsschiff machte vortreffliche Geschäfte. Meß Lethierry sah schon im Geist den Augenblick herankommen, wo sich sein Titel Meß in Monsieur verwandeln würde. In Guernesey wird man nicht so schnell Monsieur; dort geht alles langsam, stufen= weise, der Mensch hat eine ganze Leiter zu erklettern, ehe er Monsieur wird. Die erste Stufe dieser Leiter ist der Vorname, man sagt schlechtweg: Peter, oder Hans u. f. w. Die zweite Stufe macht den Peter zum „Nachbar Peter"; die dritte nennt ihn „Vater Peter"; die vierte „Steur Peter," die fünfte „Meß Peter," die sechste und letzte Stufe giebt ihm den Titel „Monsieur Peter."

Diese Leiter, welche sich aus dem Fußboden er=

hebt, reicht bis in die Wolken Die ganze Hierarchie
Englands klettert auf ihr empor. Ihre Sproffen
sind folgende: die erste über dem Monsieur (gentleman) stehende ist: Esquire (Schild = Knappe); die
zweite: Sir (Rentier); die dritte: Baronet; die
vierte: Lord, Laird in Schottland; die fünfte: Ba=
ron; die sechste: Vicomte; die siebente: Graf, (Earl
in England, Jarl in Norwegen); dann folgen der
Marquis, der Herzog, der Pair von England, dann der
Prinz von Geblüt und endlich der König. Die
Staffeln dieser Leiter führen von der untersten Volks=
schicht bis zum Bürgerstand, vom Bürgerstand bis zur
Freiherrnschaft, von der Freiherrnschaft bis zur Pair=
schaft, von dieser zum Königthum.

Meff Lethierry hatte es ganz allein dem Teufels=
boot zu verdanken, daß er „Etwas" geworden war.
Aber der Bau seines Schiffes erforderte große Sum=
men; er hatte sowohl in Bremen als in St. Malo
Geld aufnehmen müssen. Nach Ablauf jedes Jahres
trug er an beiden Orten einen Theil seiner Schul=
den ab.

Er hatte außerdem, gleichfalls auf Kredit, am

Eingang des Hafens von St. Sampson ein schönes steinernes, noch ganz neues Haus gekauft, das zwischen Meer und Garten liegend, eine Ecke bildete. Er hatte diese Ecke mit einer Inschrift versehen: Die Muthigen (Les Bravés). Dieses Haus, dessen Nordseite einen Theil der Hafenmauer bildete, hatte eine Doppelreihe von Fenstern. Es besaß so zu sagen zwei Façaden, eine nördliche und eine südliche, eine Meer- und eine Garten-Façade, denn seine Landseite war von einem prachtvollen Blumengarten umgeben. Demnach hatte es eine Sturm- und eine Rosen-Seite.

Diese verschiedenen Façaden waren für seine beiden Bewohner wie geschaffen, die Meerseite war Meß Lethierry's Reich, die Rosenseite bewohnte Miß Deruchette.

Das Haus der Muthigen erfreute sich bald eines großen Rufes, denn Meß Lethierry war im Laufe der Zeit ein Mann des Volks geworden. Diese Beliebtheit verdankte er theilweise seiner persönlichen Güte, seiner Aufopferungsfähigkeit und seinem Muth — denn er hatte gar Vielen das Leben gerettet — zum

Theil aber auch dem Erfolg seiner Unternehmung und den Vortheilen, welche er dem Orte zuwandte, indem er Abfahrt und Ankunft des Dampfers nach St. Sampson verlegte. Dieser Vorzug wurde dem Hafen von St. Sampson sehr beneidet, weil er mit großem Nutzen verbunden war; es wurden mehrere Versuche gemacht, dem Ort das ihm von Lethierry eingeräumte Vorrecht zu entziehen, besonders wollte St. Pierre, als Hauptort, dasselbe für sich in Anspruch nehmen, allein Meß Lethierry wies alle Anträge zurück. Er hatte einmal für St. Sampson eine Vorliebe: es war sein Geburtsort. „Diese Stadt hat mich in's Meer geworfen," sagte er.

Daher schrieb sich seine große Popularität am Orte. Sein Stand als steuernzahlender Eigenthümer machte ihn zum angesehenen Mann. Der arme Matrose Lethierry hatte schon fünf Stufen der Guernesexer socialen Leiter erklommen und sich allmälig zum Meß emporgearbeitet; nun setzte er den Fuß auf die letzte Stufe: er war nahe daran, Monsieur zu werden. Das Ende dieser Leiter aber war der Anfang einer anderen, welche Lethierry's Blick eine unbegrenzte Aussicht eröffnete. Was konnte nicht noch alles aus ihm werden, wenn er Monsieur war? Vom Monsieur bis zum Esquire war nur ein Schritt. Wer weiß, ob nicht eines Tages sein Name im Guernesener Almanach in der Rubrik: „Gentry and Nobility" glänzen, und man neben seinem Namen die drei stolzen Buchstaben: „Esq." lesen wird? Lethierry, Esq., das klingt!

Lethierry aber hatte keinen Ehrgeiz, oder höchstens nur den, sich nützlich zu machen; darin suchte er sein Glück, seine Freude. Den Menschen nützlich und nothwendig zu sein, schmeichelte ihm mehr als alle Beliebtheit. Es gab, wie wir schon gesagt, nur zwei Gegenstände seiner Neigung, also auch seines Ehr= geizes: Durande und Deruchette.

Wie dem auch sei, er hatte in die See=Lotterie gesetzt und eine Quinterne gewonnen. Die Quinterne hieß: das Fahrzeug Durande.

Sechstes Capitel.

Die heilige Durande.

Lethierry, welcher der Vater seines Schiffes war, ließ es auch taufen. Er nannte es Durande. Wir werden es also von jetzt an nicht mehr Teufels-Schiff, sondern Durande nennen; und bitten, allem Buch=druckerbrauch zum Trotz, diesen Namen nicht mehr gesperrt zu drucken, denn wir müssen darin der Auf=fassung Lethierry's Rechnung tragen, für welchen die Durande kein Ding, sondern fast eine Person war.

Durande und Deruchette ist ein und derselbe Name. Deruchette ist das Diminutiv von Durande. Dieses Diminutiv ist in dem Westen von Frankreich sehr gebräuchlich.

Man giebt den Namen der Heiligen dort alle ihre
Diminutive und Augmentative. Wenn man die ganze
Litanei dieser Diminutive und Augmentative hört, ist
man versucht zu glauben, daß dieselbe eine Reihenfolge
von verschiedenen Namen sei. Diese Identität der
Schutzpatrone und Schutzpatroninnen bei der Ver=
schiedenheit der Namen ist dort nichts Seltenes. Die
heilige Elisabeth heißt zum Beispiel: Lise, Lisette,
Lisa, Elisa, Isabelle, Lisbeth, Bethsy. Es ist sehr
wahrscheinlich, daß Mahout, Maclon, Malo und
Magloire verschiedene Namen eines und desselben
Heiligen sind. Die Sache kommt übrigens hier gar
nicht in Betracht.

Die heilige Durande wurde in Augoumois und
in der Charente verehrt. Ob sie eine richtige Heilige
ist, ist eine andere Frage. Die Bollandisten mögen
darüber entscheiden. Gewiß ist, daß sie in oben ge=
nannten Oertlichkeiten als Heilige verehrt wurde und
ihre besonderen Kapellen hatte.

Als Lethierry noch ein junger Matrose in Roche=
fort war, machte er die Bekanntschaft dieser Heiligen

wahrſcheinlich in der Geſtalt irgend einer liebens-
würdigen Tochter der Charente, vielleicht jener Gri-
ſette mit den hübſchen wohlgepflegten Nägeln. Zur
Erinnerung an dieſe Jugendſchwärmerei gab er
den Beiden, die ihm das Liebſte waren, dieſen
Namen: dem Fahrzeug Durande, dem Mädchen Deruchette.

Er war der Vater der Einen und der Oheim
der Anderen.

Deruchette war nicht allein ſeine Nichte, ſondern
auch ſein Pathchen: er hatte ſie über die Taufe gehalten. Sie war eine Waiſe, die Tochter ſeines ver-
ſtorbenen Bruders; er hatte ſie an Kindesſtatt ange-
nommen und vertrat Vater- und Mutterſtelle bei ihr.
Er hatte ihr die heilige Durande zur Patronin gegeben und nannte ſie, zum Unterſchied von Durande,
Deruchette.

Deruchette erblickte, wie ſchon mitgetheilt wurde,
in St. Pierre-Port das Licht der Welt. So lange
der Oheim in Dürftigkeit lebte und die Nichte noch
in der Kindheit ſtand, kümmerte ſich Niemand um
dieſen Namen; als der Matroſe ein Gentleman und

das Mädchen eine Miß geworden war, erregte der
Name Deruchette Anstoß. Warum gerade De=
ruchette? Es ist ein Name wie jeder andere, meinte
der Gentleman Lethierry. Es wurden mehrere Ver=
suche gemacht, die Nichte umzutaufen. Eine schöne
Dame aus der guten Gesellschaft von St. Samp=
son, die Frau eines ehemaligen Schmiedes und jetzigen
Rentiers, bestand darauf, Deruchette Nanch zu nennen.
Meß Lethierry fragte: warum nicht lieber „Lons,
der Salzsieder?" Die schöne Frau gab ihr Spiel
nicht so leicht verloren. Schon am nächsten Tage
schlug sie Meß Lethierry einen andern Namen
vor. „Nein, Meß Lethierry, Deruchette ist doch ein zu
verwünschter Name," sagte sie, „wir wollen Eure Nichte
lieber Marianne nennen." Verteufelter Name, das!
erwiederte der Onkel; er ist aus den Namen zweier
häßlicher Thiere: Mari (Ehemann) und âne
(Esel) zusammengesetzt. Sie behielt ihren Namen
Deruchette.

Man darf aus diesem Ausspruch jedoch nicht
auf Lethierry's Antipathie gegen die Ehe schließen.

Nein, er war durchaus dafür, daß Deruchette sich
verheirathen solle. Nur ging er in der Wahl eines
Eidams äußerst vorsichtig zu Werke. Lethierry wollte
seine Nichte mit einem Manne nach seinem Zuschnitt
verbinden; es mußte ein Mann sein, der die Ar=
beit nicht scheute und Deruchette's hübsche weiße
Händchen schonte. Beim Manne liebte er die rauhe,
gebräunte Hand, das Frauenhändchen aber konnte nach
seiner Meinung nicht zart, nicht weiß genug sein. Um
Deruchette's zierliche Hände zu schonen, hatte er sie
zu einer Dame erzogen. Sie hatte eine feine Aus=
bildung genossen. Er hielt ihr einen Musiklehrer,
schenkte ihr ein Fortepiano, eine kleine Bibliothek und
ein kleines Arbeitskörbchen. Sie las jedoch mehr als
sie nähte, und musicirte mehr als sie las. Meß Le=
thierry war ganz damit einverstanden, er wollte sie
so. Er verlangte von ihr nichts, als daß sie reizend
sein sollte. Sie war eher zu einer Blume als zu
einer Hausfrau erzogen. Wer das Wesen und den
Character des Seemannes studirt hat, wird das be=
greifen. Das Rauhe liebt das Zarte. Um das Ideal
ihres Oheims zu erfüllen, mußte Deruchette reich sein.

Dieſes Ziel verfolgte Meſſ Lethierry, und das Mit=
tel zur Erreichung desſelben war ihm ſein Dampf=
boot. Er hatte Durande mit der Sorge betraut, den
Brautſchatz Deruchette's zu beſchaffen.

———

Siebentes Capitel.

Das Lied Bonny Dundee.

Deruchette bewohnte das schönste Zimmer seines schönen Hauses am Hafen. Es hatte zwei Fenster und war mit den zierlichsten Möbeln von geflammtem Mahagoniholz ausgestattet. Ihr allerliebstes kleines Bett (das Nestchen der Grasmücke) war in das Dunkel grün und weiß karrirter Vorhänge gehüllt; es hatte die Aussicht nach dem Garten und dem Hügel, welchen das Schloß du Valle krönte. Jenseits dieses Hügels lag das Gespensterhaus.

Deruchette hatte in diesem Zimmer ihr Fortepiano und ihre Noten. Sie begleitete sich selbst ihr Lieblingslied „Bonny Dundee", ein schottisches Volkslied mit einer melancholischen Weise. Aller Zauber der Abenddämmerung lag in diesem Liede, alle Frische des Morgenroths in ihrer Stimme; das gab einen seltsam reizenden Contrast. Man sagte: Miß Deruchette ist am Clavier — und die Vorübergehenden standen still, der frischen Stimme und der wehmüthigen Weise zu lauschen.

Deruchette hatte die Gabe, den Frühling fest zu halten; wo sie war, da war Freude, Sonnenlicht und Blumenduft, da war der Lenz in seiner ganzen Pracht. Sie war schön, doch eigentlich mehr·hübsch als schön, mehr nieblich als hübsch zu nennen. „Sie ist so schön und so fein wie eine Prinzessin aus dem Feenreich," sagten die alten Freunde Lethierry's. Sie hatte prachtvolles Haar: „Einen Zopf wie ein Ankerthau," sagte Lethierry.

Seit ihrer frühesten Kindheit war Deruchette bezaubernd gewesen. Man fürchtete etwas für ihre Nase; aber die Kleine hatte es sich in den Kopf gesetzt, hübsch zu werden; die Nase schien sich das gemerkt zu haben, denn sie mäßigte ihren Ehrgeiz, welcher in dem Streben nach Größe bestand, und wurde, wie alle übrigen Formen ihres reizenden Gesichtchens, allerliebst.

Deruchette nannte ihren Oheim niemals anders als „Vater."

Er erlaubte ihr, sich mit der Blumenzucht zu be= schäftigen, ja er gestattete sogar, daß sie sich ein wenig in der Wirthschaft umsah; sie begoß ihre Zitter= rosen, ihre purpurfarbenen Königskerzen, ihre Flam= menblumen und ihr Benedictenkraut mit eigener Hand und zog rosenfarbiges Habichtskraut und Sauer= klee von derselben Farbe. Das Klima, welches in dortiger Gegend der Blumenzucht besonders günstig ist, kam ihr vortrefflich zu Statten; ihre Blumen gediehen wunderbar. Sogar der Versuch, die Aloë in Beete zu verpflanzen, gelang ihr, und was noch schwieriger ist: das silberblättrige Fünffingerkraut wuchs zum Erstaunen. Sie hatte eine glückliche Hand. Auch ihren kleinen Gemüsegarten hielt sie vortrefflich im Stande. Nach den Radieschen kam der Spinat, nach dem Spinat kamen die Erbsen. Sie verstand sich auf die Zucht des holländischen Blumenkohls, und pflanzte das Brüßler Kraut im Juli um; im August gab es Rüben, im September krausen Endiviensalat, schöne runde Pastinakwurzeln im Herbst, und im Winter Ra=

bunzen. Meß Lethierry ließ die kleine Gärtnerin ge=
währen, so lange sie nicht einen allzu eifrigen Ge=
brauch von dem Spaten und dem Rechen machte.
Für die gröbere Gartenarbeit hatte er ihr zwei
Mägde, Grace und Douce beigegeben — zwei Namen,
welche in Guernesey eingebürgert sind. Grace und
Douce besorgten Haus und Garten; ihnen bewilligte
Meß Lethierry das Recht, rothe Hände zu haben.

Meß Lethierry's Zimmer, ein kleines Ka=
binet, war dem Besitzer der Durande wegen des
freien Blickes, den es über den ganzen Hafen ge=
stattete, besonders werth; es stand mit einem
Saal im Erdgeschosse in Verbindung, dessen Thür
in der Hausflur neben der Eingangsthür lag, von
welcher aus die verschiedenen Treppen in die oberen
Räume des Hauses führten. Das Kabinet Meß
Lethierry's war mit seiner Hängematte, seinem Chro=
nometer und seiner Pfeife möblirt; es befanden sich
außerdem noch ein Tisch und ein Stuhl darin. Die
Balken der Decke waren mit Kalk beworfen, die
Wände der Stube ebenfalls; rechts neben der Thür
hing die Karte des normännnischen Archipelagus.

Unten am Rande derselben standen die Worte:
W. Faden, 5, Charing Cross. Geographer
to His Majesty; an der linken Seite der Thür
hing eines jener großen baumwollenen Taschentücher,
worauf die Signale aller Marinen der ganzen Erde
sich in bunten Farben befinden. In den vier Ecken
prangten die Flaggen von Frankreich, Deutschland,
Spanien und die der vereinigten Staaten Amerika's;
in der Mitte die Flagge von England.

Douce und Grace machten ihren Namen keine
Unehre. Douce war nicht übel und Grace nicht
häßlich. Ihr Character und ihr Aeußeres um=
schifften, um mich bildlich auszudrücken, mit ziem=
lichem Geschick die gefährlichen Klippen ihrer Namen.
Douce, welche nicht verheirathet war, hatte einen
„Galant." Auf den Inseln des Canals ist dieses
Wort ebenso gebräuchlich, wie die Sache selbst, die es
bezeichnet. Die Dienstleistungen dieser beiden weib=
lichen Wesen zeichnete sich durch jene creolenartige
Langsamkeit aus, welche den Dienstboten des nor=
männischen Archipels eigen ist. Grace war kokett
und hübsch; sie schaute unaufhörlich nach dem

Horizont, und zwar mit der Unruhe einer Katze.
Dies kam daher, weil auch sie, wie Douce, einen
Galant, und wie man sagte, außer diesem noch
einen Ehemann hatte, welcher Matrose war, und
deſſen Rückkehr von der Reise sie ein Wenig fürchtete.
Indeß das geht uns nichts an. Der Unterschied
zwischen Grace und Douce beſtand darin, daß in
einem weniger strengen und sittenreinen Hause Douce
eine Magd geblieben, Grace aber zur Kammerjungfer
avancirt wäre. Die Talente, welche gewöhnlich
eine solche zieren, und deren Vorhandensein wir
bei Grace vermuthen, fanden bei einem so un-
schuldigen jungen Mädchen wie Deruchette nicht den
geeigneten Boden. Im Uebrigen wußten weder Meſſ
Lethierry noch seine Nichte etwas von den Liebschaf-
ten ihrer beiden Mägde.

Der an Meſſ Lethierry's Kabinet ſtoßende niedrige
Saal im Erdgeschoß, eine Art Halle, mit Kamin,
Bänken und Tiſchen versehen, hatte im vorigen Jahrhundert einem Conventikel von proteſtantiſchen fran-
zöſiſchen Flüchtlingen als geheimer Versammlungsort
gedient. Die ſteinerne Wand war mit einem einzigen

Bild, nämlich mit einem Pergament in schwarzem
Rahmen geziert, worauf alle Heldenthaten von Béni-
geus Bossuet, Bischof von Meaux, verzeichnet waren.
Einige arme Pfarrkinder dieses Adlers, welche sich
vor den durch den Widerruf des Edictes von Nantes
hervorgerufenen Verfolgungen durch die Flucht nach
Guernesey zu schützen suchten, hatten dieses Pergament als Zeugniß ihrer Verehrung an dieser Wand
aufgehängt. Wem es gelang, die schwerfällige Hand-
schrift auf dem vergilbten Pergamente zu entziffern,
konnte folgende, nur sehr wenig bekannte Notizen
lesen: „Am 29. October des Jahres 1685, Demoli-
„rung der Kirchen in Morcef und Nanteuil, Resultat
„eines an den König gerichteten Gesuches des Bi-
„schofs von Meaux.“ — „Am 2. April des Jahres
„1686, Gefangennahme der Herren Cochard, Vater
„und Sohn, wegen Ausübung ihrer Religionsgebräuche,
„auf Bitten des Herrn Bischofs von Meaux;
„wurden nach Abschwörung ihres Glaubens frei ge-
„geben.“ — „Am 28. October des Jahres 1699
„sandte der Bischof von Meaux dem Herrn von
„Pontchartrain eine Denkschrift, welche die Nothwen-

„digkeit darlegte, die Fräulein von Chalandes und von
„Neuville, welche protestantisch sind, dem Hause der
„Neuen=Katholikinnen in Paris zu überweisen." — „Am
„7. Juli des Jahres 1703 wurden auf den, durch
„den Bischof von Meaux nachgesuchten Befehl des
„Königs, der Bürger Baubouin und dessen Frau,
„schlechte Katholiken aus Jublaines, im Hospital
„eingesperrt."

Am Ende des Saales, in der Nähe der Thür von
Lethierry's Kabinet, war ein kleiner, mit einem Gitter
versehener Bretterverschlag, welcher den Hugenotten
bei ihren Zusammenkünften als Kanzel gedient hatte.
Jetzt wurde er, mit einem Gitter nebst einer kleinen
Thür versehen, als Büreau des Dampfbootes Du=
rande benutzt, dem Meß Lethierry in eigener Per=
son vorstand. Ein großes Contobuch, welches auf=
geschlagen auf einem Pult von Eichenholz ruhte, ver=
trat die Stelle der Bibel.

Achtes Capitel.

Der Mann, welcher Rantaine durchschaut hatte.

So lange er mit der Schifffahrt vertraut war, hatte Lethierry die Durande geführt, ohne je unter einem andern Capitain zu stehen noch irgend eines Lootsen zu bedürfen; allein wie gesagt, es kam eine Stunde, wo er einen Stellvertreter suchen mußte. Seine Wahl fiel auf Sieur Clubin aus Torteval, einen schweigsamen Mann, der in der ganzen Küstengegend im Ruf der strengsten Rechtlichkeit stand. Dieser Mann wurde Lethierry's alter ego und Stellvertreter.

Sieur Clubin war, obgleich er äußerlich eher einem Advocaten als einem Matrosen glich, doch ein Seemann von seltenen Fähigkeiten. Er besaß alle

Talente, welche sein Beruf mit seinen stets wechseln=
den Gefahren erheischt. Er war ein ebenso geschickter
Schiffslader, Mastwächter und Hochbootsmann, als ein
kraftvoller Ruderer, erfahrener Lootse und beherzter
Capitain. Es fehlte ihm auch keinesweges an Klug=
heit, die er bisweilen bis zur Waghalsigkeit trieb,
was auf der See nicht hoch genug zu veranschlagen
ist. Er sah wahrscheinlichen Gefahren mit Vorsorge
entgegen, ohne die Möglichkeit des Entrinnens aus
dem Auge zu verlieren. Man konnte ihn zu den
Seemännern zählen, welche einer bekannten, bedroh=
lichen Lage trotzen und nie des ruhmvollen Erfolges
halber Abenteuer suchen. Er besaß so viel Sicher=
heit, als das Meer nur irgend einem Menschen lassen
kann. Sieur Clubin war überdies ein berühmter
Schwimmer. Er gehörte zu den Menschen, die wohl=
vertraut mit der Wellengymnastik, im Wasser bleiben,
so lange man es verlangt, und beim Havre=des=Pas
zu Jersey beginnend, La Colette umschwimmen, die
Fahrt bis zur Eremitage und dem Elisabeth=Schloß
ausdehnen und nach zwei Stunden wieder bei dem
Ausgangspunkt anlangen. Seine Heimath war Tor=

teval, und das Gerücht-sagte, er habe öfter die ge=
fürchtete Strecke zwischen Hanois und dem Vorgebirge von Painmont durchschwommen.

Was Meß Lethierry am meisten für Clubin ein=
nahm, war die Thatsache, daß dieser Rantaine durch-
schaut und Lethierry von der Unredlichkeit dieses
Menschen in Kenntniß gesetzt hatte. „Rantaine wird
Sie bestehlen," — hatte er ihm gesagt.

Diese Prophezeiung hatte sich bestätigt. Meß
Lethierry hatte, freilich in Sachen von geringer Wich=
tigkeit, mehr als einmal Clubin's bis zur Peinlichkeit
getriebene Rechtlichkeit auf die Probe gestellt und über=
ließ ihm die Führung seiner Angelegenheiten ohne
jeden Rückhalt. „Vollkommene Gewissenhaftigkeit ver=
dient volles Vertrauen" — sagte er.

Neuntes Capitel.

Ein Bericht über weite Reisen.

Da Meß Lethierry sich in einem andern Anzug
unbehaglich fühlte, trug er beständig Schifferkleider
und zog sogar die Matrosenjacke seiner Lootsentracht
vor. Deruchette rümpfte darüber ihr kleines Näschen,
Nichts ist so allerliebst, als anmuthige Züge, von
Zorn belebt. — „Pfui, lieber Vater, Du riechst nach
Theer!" rief sie und gab ihm einen leichten Schlag
auf seine plumpe Schulter.

Der brave alte Seeheld lieferte die überraschend-
sten Erzählungen von seinen Reisen. Er hatte auf
Madagaskar Vogelfedern gesehen, die so groß waren,
daß man mit dreien derselben das Dach eines ganzen
Hauses decken konnte, und in Indien fand er Sauer-

10*

ampferblätter von neun Fuß Länge. In Neuholland
fah er einmal Heerden von Truthähnen und Gänsen,
denen ein Vogel, Namens Agami, anstatt des sonst
üblichen Hirtenhundes diente. Er war auf Elephan=
tenkirchhöfen gewesen. In Afrika . hatte er die Go=
rilla's, eine Art Tigermenschen von sieben Fuß Größe,
gesehen. Er kannte die Sitten und Gebräuche sämmt=
licher Affen vom wilden Macaco, welchen er den Bravo
nannte, bis auf den Brüllaffen, dem er den Beinamen
des bärtigen Macaco gab. In Chili hatte er beobach=
tet, wie ein Affenweibchen die Jäger durch Entgegen=
halten ihres Jungen rührte. In Californien fand er
einen umgestürzten Baum, in dessen hohlem Stamm
ein Reiter sammt dem Pferde hundertfünfzig Schritte
weit vordringen konnte. In Marokko sah er, wie
die Baskiren und Mozabiten einander mit Eisenstangen
bekämpften; Erstere, weil sie sich nicht als „Kelb,"
das heißt Hunde, behandelt wissen wollten, und die
Baskiren, weil sie empört waren, den Khamsis, d. h.
der fünften Kaste gleichgestellt zu werden. Auf
einer Reise in China war er Augenzeuge, wie der
Seeräuber Chan=thong=quan=larh=Quoi in kleine

Stücke geschnitten wurde, weil er den „Ap" einer Dorfschaft umgebracht hatte, und in Thu=ban=mot er=lebte er, daß ein Löwe eine alte Frau entführte und im vollen Trabe mit derselben aus der Stadt rannte. Bei seiner Anwesenheit in Saïgun wohnte er dem Einzug der „großen Schlange" bei, die aus Canton anlangte, um im Tempel Cho=len's das Fest Quan=nam's, der Schutzgöttin der Schiffer zu feiern. In Rio Janeiro hatte er gesehen, wie die brasilianischen Damen Abends kleine blasenartige Kugeln aus Gaze in's Haar steckten. Diese enthielten jede eine Phos=phorfliege und glichen einem Haarschmuck von Sternen. In Uruguay bekämpfte er Ameisenlöwen und in Pa=raguay Vogelspinnen, die zottiges Fell und die Größe eines Kinderkopfes hatten. Sie bedecken mit ihren Tatzen einen Raum, der eine Drittel=Elle im Durch=messer beträgt, und ihre Haare dringen dem Menschen, der sie angreift, wie Pfeile in die Haut und erzeugen darin Geschwüre. Am Flusse Arinos, einem Arm des Tocantins, in den nördlichen Urwäldern von Dia=mantina, hatte er mit eigenen Augen das furchtbare Fledermausvolk, die Murcilagos gesehen, Menschen,

die mit weißen Haaren und rothen Augen zur Welt
kommen, in düstern Wäldern hausen, am Tage schlafen und im Stockfinstern jagen und fischen, weil sie
bei Mondschein fast nichts erkennen können. Als er
einst eine Expedition in der Gegend von Beiruth mit-
machte, wurde aus einem Zelt des Feldlagers ein
Regenmesser gestohlen, worauf ein Hexenmeister, dessen
Anzug aus zwei oder drei bandartigen Lederstreifen
bestand — worin er einem Manne glich, der nur in
Hosenträger gekleidet ist — ein so rasendes Geklapper
mit Schellen hervorbrachte, die an der Spitze eines
Horns befestigt waren, daß eine Hyäne den Regenmesser
wieder an Ort und Stelle brachte. Sie war die
Diebin gewesen. Diese glaubwürdigen Geschichten
klangen so sehr wie Märchen, daß sie Deruchette ein
ausnehmendes Vergnügen machten.

Die Figur am Bugspriet der Durande war das
Band zwischen dem Fahrzeug und Mädchen. Man
nennt auf den normännischen Inseln diese als Zier-
rath des Schiffsvordertheils außerhalb desselben an-
gebrachte grobgeschnitzte hölzerne Figur „Puppe." Da-

her schreibt sich die in jener Gegend gebräuchliche Redensart: „être entre poupe et poupée".*)

Die Puppe der Durande war Mess Lethierry besonders theuer. Er hatte dem Zimmermann befohlen, sie Deruchette möglichst ähnlich zu formen. Sie schien mit der Axt ausgehauen zu sein; es war ein Klotz, der sich bemühte, einem hübschen Mädchen zu gleichen.

Mess Lethierry hatte hinsichtlich dieses ziemlich unförmlichen Blocks seine Illusionen. Er betrachtete ihn mit der Andacht eines Gläubigen, und sah in dieser Figur wirklich Deruchette. Sie glich ihr wie das Dogma der Wahrheit, wie das Götzenbild der Gottheit.

Lethierry hatte zweimal wöchentlich — am Dienstag und Freitag — eine große Freude: am ersten Tag sah er die Durande abfahren und am zweiten sah er sie heimkehren. Er stützte dann den Arm auf sein Fenstersims, betrachtete sein Werk und

---

*) poupe — Hintertheil des Schiffes.

war glücklich. Er empfand etwas von der göttlichen
Genugthuung des Schöpfers. Die Bibel sagt: „Und
er sahe, daß es gut war."

Am Freitag war sein Erscheinen am Fenster
so gut wie ein Signal. Wenn er seine Pfeife anzündete, sagte man: „Ah, das Dampfschiff zeigt
sich am Horizont!" Ein Rauch verkündigte den
andern.

Wenn die Durande in den Hafen gelaufen
war, befestigte man ihr Ankertau an einem eisernen Ring, der in das Fundament des Hauses ein-
gemauert war. Während der Nächte bis zum
nächsten Dienstag schlief Lethierry wunderbar fest
in seiner Hängematte: er wußte, daß neben ihm
im Hause Deruchette im Schlummer ruhte, während auf der andern Seite Durande angekettet
lag. Ihr Ankerplatz befand sich in der Nähe
der Hafenglocke. Vor der Thür des Hauses war
nämlich ein kleiner Ausladeplatz.

Dieser Hafendamm, das Haus, der Garten,
die von Hecken eingefaßten Gäßchen und selbst die
meisten der benachbarten Gebäude sind jetzt nicht

mehr vorhanden. Das ganze Terrain wurde an=
gekauft, um den Granit von Guernesey auszubeuten.
Gegenwärtig sieht man dort nichts als die Arbeits=
höfe der Steinhauer.

Zehntes Capitel.

Ein Blick auf die in Aussicht stehenden Freier.

Deruchette wuchs heran, allein sie verheirathete sich nicht.

Meß Lethierry hatte sie zur feinen Dame erzogen; die feine Dame machte Ansprüche an den künftigen Gatten. Eine solche Erziehung kann ihre bedenklichen Folgen haben. Allein nahm die Nichte es in diesem Punkte schon genau, so war der Oheim noch viel wählerischer. Er wollte nicht allein für seine Nichte, sondern auch für seine Tochter einen Gatten haben. Nicht allein Deruchette, auch Durande sollte sich vermählen; er wollte für seine beiden Lieblinge einen und denselben Mann; der Führer der Einen sollte zugleich der Leiter der An=

deren sein. Ein tüchtiger Schiffscapitain war für ihn das Ideal eines Ehemannes. Wer im Stande ist, ein Schiff zu lenken — so meinte Meß Lethierry — wird ohne allen Zweifel auch eine Frau gut zu leiten wissen. Sieur Clubin, welcher nur fünfzehn Jahre jünger war als Meß Lethierry, konnte nur der vorläufige Führer der Durande sein. Der Erbe seiner Schöpfung mußte ein junger kräftiger Lootse, ein eben so kluger als tüchtiger und derber Seemann sein. Der Gatte seiner lieblichen Deruchette sollte also auch der Herr und Leiter seiner theuren Durande werden. Warum sollten diese beiden Schwiegersöhne nicht in einen einzigen verschmolzen werden? Dies war seine Lieblings-Idee geworden. Er hatte sich, so gut wie seine Nichte, ein Bild von dem Zukünftigen entworfen. Ein sonnenverbrannter, brauner Mastkorbwächter, ein Seeathlet, das war sein Ideal.

Nicht ganz so dachte Deruchette; sie hatte rosigere Träume.

Wie dem auch sei, es schien, als hätten Oheim und Nichte einander das Wort gegeben, sich in der

Wahl des Zukünftigen nicht zu übereilen. Als
Deruchette eine reiche Erbin geworden war, hatte
sie Anträge in großer Menge. Freilich sind derglei=
chen Vorschläge nicht immer die annehmbarsten. Das
wußte auch Meß Lethierry sehr wohl; er ließ des=
halb einen Freier nach dem andern ziehen, indem er
zwischen den Zähnen murmelte: „Goldene Braut,
kupferne Freier." Meß Lethierry wartete. Deruchette
desgleichen.

Meß Lethierry war — für einen Engländer
eine kaum glaubliche Eigenschaft — kein großer Ver=
ehrer der Aristokratie; er wies den Antrag eines
Gonduel von Jersey und eines Buguet=Nicolin von
Serk zurück. Man ging sogar so weit, auf das
Allerbestimmteste zu erklären — doch können wir nicht
unterlassen, an der Glaubwürdigkeit dieser Versicherung
zu zweifeln — daß Meß Lethierry den Antrag eines
Aristokraten von Aurigny, ja sogar den eines Glie=
des der Familie Ebu, welche ohne alle Frage von
„Eduard der Bekenner" abstammt, abgelehnt habe.

Eilftes Capitel.

Meß Lethierry's Antipathie.

Meß Lethierry hatte einen großen Fehler. Er haßte, nicht eine Person, sondern eine Sache: den Priester. Als er eines Tages las — denn Meß Lethierry las zuweilen — es war in einem Buch von Voltaire — und ihm die Worte aufstießen: „Die Priester sind Katzen," da legte er das Buch bei Seite und man hörte ihn zwischen den Zähnen murmeln: „Katzen? — hm — dann bin ich ein Hund."

Man muß an die vielfachen Verfolgungen denken, die Meß Lethierry von den Priestern der verschiedenen Confessionen, den Lutheranern, Calvinisten und Katholiken in Folge der Schöpfung seines Teufelsschiffes zu erdulden hatte. Der revolutionaire Fort-

schritts = Versuch in der Schifffahrt des normänni=
schen Archipelagus, der kleinen Insel Guerneseh die
Wohlthat und die Ehre einer neuen bewunderungs=
würdigen Erfindung angedeihen zu lassen, war,
wir verhehlen es nicht, eine verdammungswürdige
Frechheit. Es ist hier, wir bitten es zu bemerken,
nicht von der jetzigen Geistlichkeit die Rede, welche
fast in allen Kirchen dem liberalen Fortschritt huldigt.
Jede Gelegenheit, durch donnernde Kanzelreden der
großartigen Unternehmung Meß Lethierry's Hinder=
nisse in den Weg zu legen, ward von der Geistlich=
keit jener Zeit mit Eifer ergriffen. Verabscheut von
dem Clerus, verabscheute Meß Lethierry ihn wiederum;
der Haß der Geistlichkeit diente dem seinigen als Mil=
derungsgrund.

Gestehen wir es nur, dieser Haß war bei ihm
eine Gemüthseigenthümlichkeit, die nicht erst des
Priesterhasses zu ihrer Anregung bedurfte. Er war,
wie er sagte, jenen Katzen gegenüber der Hund. Er war
ihr Gegner aus Ueberzeugung und, was noch viel
zwingender ist, aus Instinct. Er fühlte die verbor=
genen Krallen dieser Katzen, und er zeigte ihnen die

Zähne. Oft geschah es, wir müssen es gestehen, zur
Unzeit und am unrichtigen Ort. Alles unterschiedslos
in einen Topf zu werfen, ist ein Unrecht. Es giebt
keinen gesunden Haß in Bausch und Bogen. Er war
ein Philosoph, einigermaßen auf Kosten der Vernunft.
Es giebt eine Unduldsamkeit der Duldsamen, ebenso
wie eine Heftigkeit der Besonnenen. Meß Lethierry's
angeborene Gutmüthigkeit ließ jedoch einen eigentlichen
Haß nicht aufkommen. Er war niemals Angreifer; er
begnügte sich damit, Angriffe zu pariren. Er hielt sich
die Priester vom Leibe. Sie hatten ihm Böses zu=
gefügt; er vergalt nicht Böses mit Bösem, sondern
hatte nur einfach kein Wohlwollen für sie. Der ganze
Unterschied zwischen dem Haß der Priester und sei=
nem eigenen bestand darin, daß jener voll leiden=
schaftlicher Erbitterung, der seinige dagegen nichts
als Widerwille war.

So klein die Insel Guernesey ist, sie hatte dennoch
Platz genug für zwei Confessionen. Die Katholiken
wie die Protestanten besaßen ihr besonderes Gotteshaus.
In Deutschland, in Heidelberg z. B., macht man weni=
ger Umstände; dort wird eine Kirche in zwei Hälften

getheilt; die eine ist für Calvin, die andere für St.
Peter bestimmt; Beide sind durch eine Scheidewand
von einander getrennt, um die gegenseitigen Faustschläge
und Püffe der Bekenner der verschiedenen Confessionen
zu verhüten. Die Katholiken haben drei Altäre, die
Protestanten desgleichen. Eine einzige Glocke ladet
die Bekenner beider Religionen zur Andacht ein.
Diese Glocke ruft zu Gott und zu dem Teufel. Jeden=
falls eine äußerst praktische Einrichtung, eine kosten=
ersparende Vereinfachung.

Das deutsche Phlegma duldet eine solche Nach=
barschaft. In Guernesey jedoch hat jede Religion
ihr besonderes Haus. Es giebt dort eine rechtgläu=
bige und eine ketzerische Pfarrei. Zwischen diesen
hatte Meß Lethierry die Wahl. Er wählte keine von
Beiden.

Dieser Matrose, dieser Philosoph, dieser Empor=
kömmling des Arbeiterstandes war im Grunde nicht
so einfach, als es den Anschein hatte. Er hatte seine
Meinungen und bestand mit Hartnäckigkeit auf den=
selben. In Bezug auf die Priester war er unerschütter=
lich. Er hätte selbst einen Montlosier ausstechen können.

Meß Lethierry erlaubte sich zuweilen, in sehr un-
angemessener Weise über die Religion zu spotten; so
nannte er z. B. zur Beichte gehen „sein Gewissen
kämmen." Sein Bischen Schreibekunst — es war
nur ein ganz kleines Bischen, gewissermaßen eine bei
Wind und Wetter gehaltene Nachlese — bestand aus
orthographischen Fehlern. Auch seine Aussprache
hatte ihre Fehler. Als nach der Schlacht bei Waterloo
der Friede zwischen dem Frankreich Ludwigs XVIII.
und dem England Lord Wellingtons geschlossen wurde,
sagte Meß Lethierry: „Bourmont hat die Vereinigung der beiden feindlichen Lager verhandelt."
Einmal schrieb er statt „Papstthum" — „Papstbumm."
Wir glauben nicht, daß er dies absichtlich gethan.

Seine Feindschaft gegen das Papstthum machte
ihm übrigens die Anglikaner nicht zu Freunden. Er
war ebenso wenig von den protestantischen Predigern
als von den katholischen Pfarrern geliebt. Den ge-
wichtigsten Dogmen gegenüber kam sein Unglaube
rückhaltslos zum Ausbruch. Ein Zufall führte ihn
in eine Predigt des ehrwürdigen Herrn Jacquemin
Herodes über die Hölle. Dieser ehrenwerthe Geist-

liche schilderte mit großer Beredsamkeit von der
Kanzel herab die Strafen der ewigen Verdamm=
niß, die Pein des höllischen Feuers, den Zorn
und die Rache des höchsten Wesens, dessen unerbitt=
liche Strenge, dessen niemals endenden Zorn. Nach
Beendigung dieser glänzenden Rede hörte Jemand
Meß Lethierry zu einem der Anwesenden mit ge=
dämpfter Stimme sagen: „Seht, Nachbar, ich habe
so meine eigenen Ideen über den lieben Gott; ich
bilde mir ein, daß er gut ist." Den Gährungsstoff
dieses Atheismus hatte Meß Lethierry aus Frank=
reich mitgebracht.

Obgleich Guerneseyer von Geburt, nannte man
doch Meß Lethierry wegen seines unreinen Geistes
„den Franzosen." Er selber machte übrigens durch=
aus kein Hehl aus seinen revolutionairen Ansichten;
nichts hatte dies wohl klarer bewiesen, als der Bau
des sogenannten Teufelsschiffes. „Das Jahr 1789
hat mich gesäugt," sagte er. Die achtundneunziger
Milch ist keine gute Milch.

Uebrigens war Meß Lethierry in seinem Thun
und Lassen durchaus nicht immer consequent. In

kleinen Ländern ist es auch schwierig, es zu sein. In
Frankreich erkauft man die Wohlthat eines ruhigen,
friedlichen Lebens dadurch, daß man den Schein be=
wahrt; in England durch ein anständiges Ver=
halten. Letzteres macht außer einer wohlgeordneten
Cravatte und der Heiligung des Sonntags noch eine
Menge anderer kleiner Anstandsregeln zur Pflicht.
„Sorgen zu müssen, daß Keiner mit dem Finger auf
uns deute," ist ein schreckliches Gesetz. Mit dem
Finger auf Jemand zeigen ist das Diminutiv des
Bannfluches. Die kleinen Städte wimmeln von Ge=
vatterinnen und Frau Basen, welche Meisterinnen in
jener isolirenden Bosheit sind, die der Bannfluch, durch
das umgekehrte Opernglas gesehen, das Anathem im
verjüngten Maßstabe ist. Die Muthigsten fürchten
die Stachelreden dieser Klatsch=Basen. Man mag
sich unerschrocken dem Kartätschenfeuer aussetzen, man
mag dem Sturme trotzen, aber man flieht vor Madame
Pimbeche.

Selbst Meß Lethierry „goß aus Furcht vor
Madame Pimbeche zuweilen Wasser in seinen Wein."

Er vermied die Geistlichen, doch er schloß ihnen

11*

nicht geradezu die Thür. Bei feierlichen Gelegen-
heiten empfing er den katholischen Herrn Kaplan sowohl wie den lutherischen Herrn Rector mit ge-
bührendem Respect in seinem Hause; ja, er begleitete
sogar zuweilen seine Nichte in die Kirche; wir wissen
aber schon, daß Deruchette diese nur vier Mal des
Jahres, nämlich an den großen Festen, besuchte.

Sei dem aber wie ihm wolle, diese Inconsequenzen peinigten das philosophisch-freigeistige Gewissen Meß Lethierry's, und je öfter er durch äußere
Rücksichten gezwungen war, sich, wie er es nannte,
etwas zu vergeben, um so schroffer ward die Scheidewand, die ihn von den Dienern der Kirche trennte;
er rächte sich für diese gezwungenen Inconsequenzen
durch Spott und Lästerung. Sein von Natur so
harmloses Wesen war in diesem einen Punkt voll
Bitterkeit. Alle Versuche, ihn zu bessern, blieben er-
folglos.

Meß Lethierry war und blieb ein Feind der
Pfaffen; er war als Pfaffenfeind geboren.

Seine revolutionaire Geringschätzung erstreckte sich
auf die ganze Geistlichkeit. Worin eigentlich der Unter-

schied der verschiedenen Confessionen lag, wußte er
kaum, und der große Fortschritt, nicht an die wirkliche
Gegenwart des Herrn im Abendmahl zu glauben, fand
deshalb bei Mess Lethierry keine besondere Anerkennung.
Seine Blindheit und Unwissenheit in diesen Dingen
ging so weit, daß er die Würde eines Abts nicht
von der eines Pfarrers zu unterscheiden wußte. Ein
„ehrwürdiger Doctor" war in seinen Augen dasselbe,
was ein „ehrwürdiger Vater" war. Er sagte: „Wesley
ist nicht besser als Loyola." Wenn er einem
Pastor mit seiner Frau am Arme begegnete, wandte
er sich ab und sagte: Pfui! ein verheiratheter
Priester! Er erzählte, daß er auf seiner letzten Reise
nach England die „Frau Bischöfin von London"
gesehen habe. Die Empörung, welche dergleichen
Ehebündnisse in ihm erzeugten, grenzte an Zorn. —
„Ein Weiberrock darf keinen Weiberrock ehelichen,"
sagte er. In seinen Augen waren die Priester ein
Geschlecht für sich. Seine Rede war: „Weder Frau,
noch Mann, ein Priester." —

„Heirathe wen Du willst, nur keinen
Pfaffen!" sagte er zu Deruchette.

Zwölftes Capitel.

Sorglosigkeit ist unzertrennlich von Anmuth.

Hatte Meß Lethierry ein Mal etwas gesagt, so war es gesagt, und er vergaß es nie. Deruchette ließ auch gar manches kleine Wörtchen fallen, doch sobald sie es ausgesprochen, war es auch vergessen. Darin unterschieden sich Oheim und Nichte.

Deruchette war durch ihre feine Erziehung ein wenig verhätschelt; sie war, so zu sagen, Selbstherr= scherin in ihrem kleinen Reiche. Die Bedeutung des Wortes Verantwortlichkeit kannte sie nicht. Eine Er= ziehung, welche ihr Augenmerk mehr auf die heiteren, gefälligen und angenehmen, als auf die ernsten Seiten des Lebens richtet, ist gefährlich. Vielleicht ist es eine Unklugheit, sein Kind zu schnell glücklich machen zu wollen.

Deruchette glaubte, wenn sie nur zufrieden wäre, sei Alles gut; gab es doch für Meß Lethierry kein größeres Glück, als sein Goldtöchterchen heiter und froh zu sehen. Das Glaubensbekenntniß ihres Oheims war auch das ihrige; sie begnügte sich damit, vier Mal im Jahre, und zwar an den Hauptfeiertagen, das Gotteshaus zu besuchen. Man sah sie zum ersten Mal zu Weihnachten in ihrem Sonntagsstaat zur Kirche gehen. Vom Leben kannte sie noch nichts. Sie besaß alle Eigenschaften, um gelegentlich einmal wahnsinnig zu lieben. Einstweilen lebte sie in sorgloser Heiterkeit.

Wie eine Lerche trillerte Deruchette ihr heiteres Lied, sie kam, ging, plauderte, scherzte, zerpflückte Gänseblümchen und haschte nach großen Schmetterlingen mit sammtenen Flügeln, umflatterte selber wie ein Schmetterling ihre Blumen; kurz, sie lebte lustig in den Tag hinein. Dazu denke man sich noch die Freiheit englischer Sitte. In England ist ein junges Mädchen die freieste Person der Welt; sie ist ihre

eigene Herrin, darf mit ihrer Freiheit schalten und
walten wie sie will. Später legt die Pflicht beengende
Fesseln um ihren Nacken; wenn sie sich vermählt, wird
sie Sklavin. Das Kind, die Jungfrau hat alle Frei=
heit, die verheirathete Frau besitzt keine.

Deruchette stand jeden Morgen auf, ohne sich
von den Handlungen des vergangenen Tages Rechen=
schaft abzulegen; es hätte sie in die allergrößeste Ver=
legenheit versetzt, wenn Jemand sie gefragt hätte, was
sie in der vergangenen Woche gethan habe. Dessen=
ungeachtet hatte Deruchette Stunden, in welchen eine
geheimnißvolle Schwermuth sie erfaßte. Der klarste
Himmel kann sich plötzlich umwölken. Doch wenn die
Wolken vorübergezogen, dann wird der Himmel wieder
heiter, blau und strahlend. Deruchette lachte über
ihre Schwermuth, die sie nicht verstand. Sie lachte
über ihre Heiterkeit, deren Grund sie ebenso wenig
kannte.

Deruchette spielte mit Allem. Sie hatte stets
irgend eine Schelmerei in Vorrath. Die jungen Bur=
schen peinigte sie mit Spöttereien und Bosheiten.
Ich glaube, sie hätte sogar dem Teufel irgend einen

Schabernack gespielt. Sie war hübsch, aber ihre Un=
schuld machte ihre Schönheit gefährlich. Sie war zu
einem Lächeln ebenso schnell bereit, wie ein junges
Kätzchen zu einem Pfotenschlag. Um so schlimmer
für den Gekratzten! Deruchette lächelte; wehe dem,
der dieses Lächeln nicht vergessen konnte, denn —
Deruchette vergaß, daß sie gelächelt hatte; sie lebte
nur in der Gegenwart, das Gestern kannte sie nicht
mehr. So geht es denen, die zu glücklich sind. Bei
Deruchette schwand die Erinnerung an Vergangenes,
wie der Schnee schmilzt.

Viertes Buch.

Gilliatt's Flöte.

Erstes Capitel.

Morgenröthe oder Feuersgluth?

Gilliatt hatte niemals mit Deruchette gesprochen; er hatte sie, wie den Morgenstern, nur immer von fern gesehen.

Als sie ihm auf dem Wege von St. Pierre-Port nach Valle begegnete, und zu seiner Ueberraschung seinen Namen in den Schnee schrieb, war Deruchette sechszehn Jahre alt. Den Tag zuvor hatte Meß Lethierry zu ihr gesagt: „Mit den Kindereien hat es jetzt ein Ende, Deruchette. Du bist ein großes Mädchen.

Der Name Gilliatt, von diesem Kind in den Schnee geschrieben, war für den Träger desselben verhängnißvoll geworden.

Bis jetzt hatte Gilliatt noch mit keinem weib-
lichen Wesen verkehrt. Wenn er eine Frau oder ein
Mädchen sah, lief er davon; er war niemals der
„Galant" irgend einer Bäuerin gewesen, nur im aller-
äußersten Fall sprach er mit einer Frau; sogar vor
einer Alten nahm er Reißaus; er fürchtete sich vor
dem schönen Geschlecht.

Einmal in seinem Leben hatte er eine Pariserin
gesehen. Sie hatte auf der Reise Guernesey berührt;
ein zu jener Zeit seltenes Ereigniß. Gilliatt hörte
diese Pariserin in folgender Weise das ihr zugestoßene
Mißgeschick erzählen: „Ich bin sehr ärgerlich, mein
Hut ist naß geworden! Er ist aprikosengelb, und
diese Farbe ist die empfindlichste von der Welt."

Später fand Gilliatt in einem Buche ein altes
Modekupfer. Zum Andenken an diese Pariserin-
klebte er das Bild an die Wand. An Sommer-
abenden versteckte er sich zuweilen hinter den Felsen der Bucht Houmet-Paradies und sah den
Bäuerinnen zu, wie sie, in ihre lange Hemden gehüllt, in der See badeten. Eines Tages hatte er
gesehen, wie die Hexe von Torteval hinter einer

Hecke ihr Strumpfband befestigte. Er war noch ganz
jungfräulich.

Den Weihnachtsmorgen, an welchem Deruchette
ihm begegnet war und lachend seinen Namen in
den Schnee geschrieben hatte, kam er wieder nach
Hause, ohne sich besinnen zu können, warum er eigent=
lich ausgegangen war. Der Abend kam; er legte sich
zu Bett, allein er konnte nicht schlafen, weil er an
tausend Dinge dachte; — erstens hielt er es an der
Zeit, die schwarzen Rettige im Garten zu pflanzen; —
dann wunderte er sich, daß ihm heute das Schiff von
Serk nicht begegnet war; sollte ihm wohl ein Unglück
zugestoßen sein? — daß er blühenden Hauswurz gesehen,
war ein Wunder in dieser Jahreszeit. — Er wußte
niemals genau, in welchem Verhältniß er eigentlich
zu der verstorbenen alten Frau, seiner früheren
Hausgenossin, gestanden; er meinte, sie müsse wohl
jedenfalls seine Mutter gewesen sein, und gedachte
ihrer mit doppelter Zärtlichkeit. Dann erinnerte er
sich des Brautschatzes, der in dem ledernen Koffer
verschlossen war. Und von dem ledernen Koffer
mit dem Brautschatz schweiften seine Gedanken zu

dem ehrwürdigen Herrn Jacquemin Herodes; er ver=
muthete, daß dieser würdige Mann wohl eines
Tages Dechant von St. Pierre-Port werden könne,
wodurch das Rectorat von St. Sampson vakant
würde. Er dachte, daß der Tag nach Weihnachten
der siebenundzwanzigste nach dem Neumond wäre, und
daß in Folge dessen die Flut um drei Uhr 21 Mi=
nuten, die Halbebbe um sieben Uhr 15, die Ebbe um
neun Uhr 33 Minuten und die Halbflut um zwölf
Uhr 39 Minuten eintreten würde. Er erinnerte sich
mit allen Einzelheiten an die Tracht des Hochländers,
der ihm die Flöte verkauft hatte. Die seltsame
Tracht stand ihm stets vor Augen, die Gestalt ver=
folgte ihn wie ein Gespenst. Er begann zu phan=
tasiren; dann entschlummerte er. Er erwachte erst
am hellen Tage, und sein erster Gedanke war De=
ruchette.

In der nächsten Nacht sah er im Traume immer
wieder nur den schottischen Soldaten. Dann träumte
er auch von dem alten Rector Jaqcuemin Herodes.
Als er erwachte, dachte er wieder an Deruchette, und
gerieth in heftigen Zorn gegen sie. Er bedauerte,

daß er nicht mehr ein kleiner Knabe wäre, weil er
ihr dann sicher die Fenster eingeworfen hätte.

Dann aber dachte er wieder, wenn er ein kleiner
Knabe wäre, so lebte seine Mutter noch, und er be=
gann wie ein Kind zu weinen.

Er nahm sich vor, drei Monate nach Chousey
ober nach den Minquiers zu reisen; allein er reiste
nicht.

Doch betrat er nie wieder den Weg von St.
Pierre-Port nach Valle. Er bildete sich ein, der von
Deruchette in den Schnee geschriebene Namen Gilliatt
sei für alle Zeiten in die Erde eingegraben, und alle
Vorübergehenden müßten ihn lesen.

Zweites Capitel.

Der Eintritt in eine unbekannte Welt.

Betrat aber Gilliatt nicht mehr den Weg von St. Pierre-Port nach Valle, so ging er dafür alle Tage in die Gegend des Hauses von Meß Lethierry. Er hatte dabei durchaus keine Absicht, es traf sich ganz zufällig, daß er immer an jenen Ort kam; und merkwürdiger Weise wählte er auch ohne alle Absicht immer den Weg, der dicht an der Mauer von Deruchette's Garten vorbeiführte.

Eines Tages sagte eine Bäuerin, die eben aus dem Garten Meß Lethierry's kam, zu einer anderen Frau: „Miß Deruchette ißt gern Spargel."

Am nächsten Tage legte Gilliatt auf seinem

kleinen Grundſtück mit vieler Mühe ein ſchönes Spar=
gelbeet an.

Die Mauer des Gartens an den Bravées war
ſehr niedrig; man konnte mit der größeſten Bequemlich=
keit hinüberſteigen. Dieſer Gedanke erſchreckte Gilliatt.
Er hätte es nimmer gewagt, hinüberzuſteigen. Aber
das konnte doch keinem Vorübergehenden verwehrt
ſein, die Stimmen derer, die im Garten oder in den
Zimmern ſprachen, zu hören. Er horchte nicht, aber
er hörte.

Ein Mal hörte er, wie die beiden Mägde, Grace
und Douce mit einander zankten. Dieſer Zank be=
rührte Gilliatt's Ohr wie die lieblichſte Muſik.

Ein anderes Mal hörte er eine Stimme, die
ganz anders, ach! viel, viel ſchöner als alle übrigen
klang; das mußte Deruchette's Stimme ſein! Er er=
griff die Flucht.

Aber die Worte, die jene Stimme geſprochen,
blieben ſeinem Gedächtniß für immer eingeprägt; in
jedem Augenblick wiederholte er ſie ſich. Die Stimme
hatte geſagt: „Würden Sie mir wohl die Ginſter
ablaſſen?“

Nach und nach wurde Gilliatt kühner; ungesehen von Deruchette, wagte er stundenlang nach ihrem Fenster empor zu schauen. Einmal hörte er sie ihr Lieblingslied Bonny Dundee singen; freilich wurde er sehr blaß, allein er war so muthig, zu bleiben, bis das Lied zu Ende war.

Der Frühling kam. Um diese Zeit hatte Gilliatt eine Vision; er sah den Himmel offen, und erblickte Deruchette, wie sie ihren Lattig begoß.

Bald hatte er sich die Stunden gemerkt, wo sie in den Garten kam; er gewöhnte sich daran, sie kommen und gehen zu sehen; man gewöhnt sich an das Gift. Oft umflatterte sein Blick mit dem Schmet=terling um die Wette die Hagebuttenlaube, worin sie mit ihrem Oheim saß und plauderte, und er belauschte dann mit athemloser Spannung ihr Gespräch mit Meß Lethierry. Die Worte kamen ganz deutlich an sein Ohr.

Schon so weit war Gilliatt im Lande des Unbe=kannten vorgedrungen. Er lauschte! Ja, das Men=schenherz ist ein alter Spion!

Noch ein anderes Plätzchen, wo Deruchette sich zuweilen niederließ, kannte Gilliatt.

Auch ihre Lieblingsblumen hatte er sich gemerkt;
er wußte, daß sie den Geruch der Winde allen an=
dern Blumendüften vorzog. Nach der Winde erhielt
die Nelke, nach der Nelke der Jasmin, nach dem Jas=
min das Gaisblatt den Vorzug; dann erst kam die
Rose. Die Lilie sah sie gern, doch athmete sie niemals
ihren Duft ein.

Nach der Wahl ihrer Lieblingsblumen beurtheilte
Gilliatt Deruchette; der besondere Duft jeder einzelnen
Blume bedeutete für ihn irgend eine besondere Geistes=
oder Körperschönheit der Geliebten.

Nur der Gedanke, mit ihr zu sprechen, trieb ihm
das Haar zu Berge.

Eine alte Weberfrau, welche ihr Gewerbe von Zeit
zu Zeit in die Nähe der Bravées trieb, hatte Gilliatt
schon mehrmals lauschend und spähend an der Garten=
mauer angetroffen. Sollte wohl diese alte Frau auf den
Gedanken gekommen sein, daß hinter dieser Mauer, an
welcher Gilliatt wie angewurzelt stand, ein junges Mäd=
chen sei? Schlug dieser alten Frau denn unter ihren
Lumpen ein Herz, welches dem Alter und dem Elend zum
Trotz, sich noch in die schöne Blüthenzeit des Lebens, das

auch ihr einst lächelte, versetzen konnte? Zauberte ihre Phantasie ihr im Winter die Sonnenwelt des Frühlings vor die Seele? Wir können es nicht sagen. So viel aber ist gewiß, daß sie einmal ganz dicht an Gilliatt vorbei= streifte, ihn mit ihrem alten runzligen Gesicht so freundlich wie ein junges Mädchen anlächelte und ihm zuraunte: „Das macht heiß! Nicht wahr?"

Gilliatt vernahm das Wort; er erschrack und wiederholte mit leisem Murmeln die Frage: Das macht heiß? Was will die Alte damit sagen?

Den ganzen Tag wiederholte er sich dieses Wort und grübelte unaufhörlich seinem Sinne nach; allein vergebens, er verstand es nicht.

Eines Abends badeten fünf bis sechs junge Mädchen, die eigens zu dem Zweck aus l'Ancresse gekommen waren, in der Bucht des Houmet=Parables. Gilliatt konnte sie ganz deutlich von seinem Zimmer aus sehen. Heftig schlug er das Fenster zu und wendete sich ab. Er bemerkte, daß ein nacktes Weib ihm Schauder einflößte.

Drittes Capitel.

Das Lied Bonny Dundee findet ein Echo auf dem Hügel.

Hinter der Umzäunung des zu den Bravées gehörigen Gartens befand sich ein von Stech= palmen, Moos und Brennnesseln völlig überwachse= ner Mauerwinkel; eine baumartig in die Höhe ge= schoffene wilde Malve und eine hohe Königskerze sproßten zwischen dem Steingerölle empor. In die= sem Schlupfwinkel brachte Gilliatt seinen ganzen Som= mer zu. Die Eidechsen hatten sich schon an den stillen friedlichen Träumer gewöhnt, und wärmten sich zutraulich neben ihm auf den von der Sonne durch= glühten Steinen. Der Sommer war schön; laue Lüfte kühlten die Hitze der Atmosphäre und spielten

mit den Locken Gilliatt's, über dessen Haupt die
Wolkenbilder sich kreuzten. Er saß im Rasen; rund
um ihn her war tiefer Friede, eine Ruhe, welche
nur der Gesang der Vögel mit fröhlichem Leben unter=
brach. Gilliatt hielt sich mit beiden Händen die
brennende Stirn und fragte sich: Warum schrieb sie
nur meinen Namen in den Schnee? Der Wind wehte
heftig vom Meer herüber. Von Zeit zu Zeit hörte
man das Signalhorn der Steinsprenger in der Bau=
due, welches den Vorübergehenden verkündete, daß
sogleich eine Mine springen würde, und man sich
vorsehen solle. Man konnte den Hafen von St.
Sampson nicht sehen; nur die Spitzen der Masten
ragten über den Bäumen hervor; es kamen Möwen
und setzten sich darauf, schossen wieder hinab und
flogen mit dem Winde davon. Gilliatt hatte einmal
seine Mutter sagen hören, daß Frauen sich in Män=
ner verliebten, so etwas käme bisweilen vor. Aha!
dachte Gilliatt, ich begreife! Deruchette ist in mich
verliebt, warum hätte sie sonst meinen Namen in
den Schnee geschrieben? Gilliatt wurde tief betrübt.
Er sagte sich: Aber auch sie denkt ebenso an mich;

das ist wohl sicher. Er dachte daran, daß Deruchette reich, er aber arm sei. Er fand, das Dampfboot wäre eine verwünschte Erfindung. Er konnte sich nie erinnern, den wie Vielten im Monat man schriebe; so gedankenlos blickte er auf Alles um ihn her.

Eines Abends schloß Deruchette, wie sie es gewöhnlich vor dem Schlafengehen zu thun pflegte, die Fenster. Die Nacht war finster. Plötzlich hörte sie Musik; sie ließ das Fenster geöffnet und lauschte. Es war ihr Lieblingslied Bonny Dundee, das Jemand auf dem gegenüberliegenden Hügel oder am Fuße der Thürme des Schlosses Du Valle auf der Flöte blies; doch bemühte sie sich vergebens, den nächtlichen Flötenspieler zu erkennen.

Seit jener Zeit wiederholte sich von Zeit zu Zeit, besonders in dunkeln Nächten, diese geheimnißvolle Musik.

Deruchette war nicht sonderlich davon erbaut.

Viertes Capitel.

Ein Vormund und ein Oheim, ehrwürdige Orakel,
Verdammen Serenaden als nächtlichen Spectakel.

(Vers aus einer alten Comödie.)

Vier Jahre waren seit der Zeit verflossen, wo Gilliatt Deruchette zum ersten Mal gesehen.

Deruchette zählte fast einundzwanzig Jahre und war noch immer unvermählt.

Es hat irgend Jemand einmal irgendwo gesagt: Eine fixe Idee ist ein Bohrer, der mit jedem Jahre um eine Windung tiefer einbringt. Wenn man ihn im ersten Jahr aus dem Kopf herausdrehen will, reißt man die Haare mit; im zweiten Jahre auch die Haut; im dritten zersprengt man den Schädel; im vierten aber reißt man das ganze Hirn heraus.

Gilliatt's fixe Idee hatte das vierte Jahr er=
reicht. Er hatte noch kein Wort mit Deruchette ge=
wechselt. Er dachte fortwährend an das reizende Mäd=
chen; das war Alles. Ein Mal, als sie vor der
Thür ihres Hauses mit Mess Lethierry sprach,
hatte er es gewagt, dicht an ihr vorbei zu gehen.
Er glaubte bemerkt zu haben, daß Deruchette lächelte.
War dieser Glaube ein Wahn? Wir wissen es nicht,
doch sind wir von der Ueberzeugung tief durchdrungen,
daß ein Lächeln bei Deruchette eben keine Unmöglich=
keit war.

Gilliatt brachte noch immer seine nächtlichen
Ständchen; Mess Lethierry war verdrießlich darüber;
das nächtliche Flötengedudel unter Deruchette's Fenster
gefiel ihm durchaus nicht. Er konnte die romantische
Schwärmerei nicht leiden; denn er war ein praktischer
Mann, der, wie in Allem, so auch in der Liebe, den
geraden, offenen Weg den Schleichwegen vorzog. Er
wollte seine Nichte verheirathen, aber ganz einfach,
ohne Roman und ohne Musik. Es dauerte ziemlich
lange, bis er aufmerksam wurde; doch als er endlich
dem Jäger auf die Spur gekommen war, ruhete er

nicht eher, bis er wußte, wer es war. Er legte
sich daher in einer jener finstern Nächte, die der
Flötenspieler sich vorzugsweise zu seinem Vortrag
ausersah, auf die Lauer. Als er Gilliatt erkannte,
fuhr er mit den Fingern in seinen Backenbart, wie
er zu thun pflegte, wenn er grimmig war, und
brummte vor sich hin: „Was hat das Thier da unten zu flöten? Er liebt Deruchette, das ist klar.
Du opferst deine Zeit unnütz, mein Junge. Wer um
Deruchette werben will, der muß sich geraden Wegs
an mich wenden, aber nicht Flöte blasen!"

Zu jener Zeit aber geschah etwas, was die
Bewohner von St. Sampson und der Umgegend
schon lange als bevorstehend erwartet hatten. Dies
wichtige Ereigniß war die Ernennung des ehrwür-
bigen Herrn Jacquemin Herodes zum Dechanten von
St. Pierre=Port, welche neue Würde der geistliche
Herr sogleich nach dem Eintreffen seines Nach=
folgers, des neuen Rectors von St. Sampson, an=
treten sollte.

Dieser sein Nachfolger in dem bisher verwalte=
ten Amte war ein normännischer Gentleman, ein

gewisser Herr Joë Ebenezer Caudray, englisch geschrieben: Cawdry.

Man wußte von dem zukünftigen Rector so
mancherlei Dinge, welche die Wohlwollenden zu seinem
Vortheil, die Mißgünstigen zu seinem Nachtheil aus-
legten. Man wußte, daß er jung und arm war; doch
wurde seine Jugend durch große Gelehrsamkeit und
seine Armuth durch große Hoffnung für die Zukunft
aufgewogen. Er war der Neffe und Erbe des alten
wohlhabenden Dechanten von St. Asaph; wenn der
Dechant die Augen schloß, war der Neffe ein reicher
Mann. Andrerseits gehörte Herr Ebenezer Cawdry
durch verwandtschaftliche Beziehungen zu hochgestellten
Personen fast zu der Klasse der Honoratioren. Was
seine Lehre betrifft, so beurtheilte man dieselbe in
verschiedener Weise. Er war Anglikaner, allein nach
dem Ausspruch des Herrn Bischof Tillotson sehr
„freigeistig“, das heißt, sehr streng. Das Pharisäer-
thum war ihm zuwider; er hielt sich mehr zu dem
Presbyterium als zu dem Episcopat. Er träumte
noch von der Urkirche, welche Adam das Recht zu-
erkannte, Eva zu wählen, und wo Frumentanus,

Bifchof von Hierapolis, ein Mädchen entführte und
zu feiner Gattin machte, indem er zu ihren Eltern
fagte: „Sie will es und ich will es; Du, Va=
ter, bift fortan nicht mehr ihr Vater, Du,
Mutter, nicht mehr ihre Mutter. Ich bin
der „Engel" von Hierapolis, und ihr Vater
ift Gott." Wir können es nicht als Wahrheit ver=
bürgen, man behauptete aber damals, daß M. Ebenezer
Caudray den Text: Du follft Deinen Vater und
Deine Mutter ehren, dem von ihm höher ge=
fchätzten Text: Das Weib ift Fleifch von des
Mannes Fleifch. Das Weib foll Vater und
Mutter verlaffen und dem Manne folgen,
unterordnete. Uebrigens ift diefes Beftreben, die
väterliche Gewalt zu befchränken und unter dem Deck=
mantel der Religion jede Form der Ehefchließung an=
zuerkennen, dem Proteftantismus überhaupt, doch ganz
befonders dem in England und in Amerika eigen.

Fünftes Capitel.

Wie sich die öffentliche Meinung über das Unternehmen Lethierry's vernehmen ließ.

Meß Lethierry hatte seine Schlußrechnung gemacht. Er war zufrieden; seine Schulden in Bremen und St. Malo waren getilgt und außerdem das „Haus der Muthigen" von seiner drückenden Hypothekenlast befreit. Die Durande hatte nicht nur bis jetzt ihre Schuldigkeit gethan, sie war auch zu gleicher Zeit ein produktives Kapital in den Händen ihres Besitzers geworden, das eine glänzende Zukunft in Aussicht stellte. Sie brachte jetzt einen jährlichen Reingewinn von tausend Pfund Sterling, der sich mit jedem Jahr noch vermehrte. Die Durande war also im eigentlichen Sinne des Wortes das Vermögen Meß

Lethierry's, und nicht nur das seinige, sondern auch das des Landes.

Man hatte, um den Transport der Ochsen zu erleichtern, welcher am meisten einbrachte, die beiden kleinen Boote von der Durande entfernt. Das war vielleicht eine Unklugheit; denn es stand ihr jetzt nur noch ein einziges Fahrzeug, die Schaluppe, zu Gebot. Freilich war diese ein ganz vortreffliches Schiff.

Es waren seit dem Zeitpunkt, als sich Rantaine mit der Kasse Meß Lethierry's entfernt hatte, zehn Jahre verflossen.

Merkwürdig, daß man in ganz Guernesey nicht etwa der Unternehmung selber und ihrer vortreff= lichen Leitung, sondern lediglich dem Zufall das er= staunliche Glück zuschrieb, welches die Durande machte. Der sich daraus entwickelnde Wohlstand ihres Besitzers wurde als eine Ausnahme betrachtet. Man be= zeichnete das ganze Unternehmen als eine glücklich= abgelaufene Narrheit. Es hatte Jemand in Cowes auf der Insel Wight diese Narrheit nachgemacht, doch ohne denselben glücklichen Erfolg zu erzielen. Dieser unglückliche Versuch hatte die Actionäre des

Unternehmens ruinirt. Meß Lethierry war der Mei=
nung, der Mißerfolg dieser Spekulation müßte jeden=
falls das Resultat einer schlechten Construktion der
Maschine sein. Man zuckte die Achseln über diese
seine Meinung. Es ist das Schicksal aller Erfin=
dungen, überhaupt alles Neuen, daß es von Anfang
an die ganze Welt zum Gegner hat. Die öffent=
liche Meinung ist bei dem allergeringsten faux pas
sogleich mit ihrem Verdammungsurtheil bei der
Hand.

Eines der commerciellen Orakel des normän=
nischen Pelagus zu jener Zeit war der Pariser
Banquier Jauge. Man erzählt sich, daß, als Jemand
seinen Rath und seine Hülfe für die Errichtung einer
Dampfschifffahrt in Anspruch nehmen wollte, dieser
würdige Mann diesem Jemand den Rücken kehrte,
mit den Worten: „Wie könnt Ihr von mir er=
warten, daß ich Silber in Dampf verwandle?"

Die Segelschiffe hingegen fanden ohne die ge=
ringsten Schwierigkeiten und überall ihre Comman=
diten. In Guernesey war die Durande eine That=
sache, aber der Dampf nicht Princip geworden. So

tief ist der Haß zwischen der Negation und dem Fort=
schritt. Man sagte von Lethierry: „Es ist gut, aber
zum zweiten Male thut er es nicht." Sein Beispiel
fand daher, ungeachtet des augenscheinlichen Erfolgs
der Unternehmung, keine Nachahmer. Niemand hätte
es gewagt, eine zweite Durande zu bauen.

Sechstes Capitel.

Wie Schiffbrüchige Einem begegnen können.

Die Aequinoctialstürme kündigen sich im Kanal zeitig an. Die Enge dieses Meeres hemmt und steigert den Wind. Schon im Monat Februar erschüttern die Westwinde die Wogen und machen die Schifffahrt unsicher. Die Küstenbewohner sehen nach dem Noth= zeichen und ängstigen sich für die Schiffe, welche unterwegs sind. Das Meer erscheint wie ein Hinter= halt; unsichtbare Kriegstrommeten rufen zum Kampf; mit furchtbaren Athemzügen schnauben und stöhnen die Winde; hinter dem verdüsterten Gewölk bläht das Antlitz des Sturmes die Backen auf.

Ist aber der Sturm auf dem Meere gefährlich, so ist es der Nebel nicht weniger.

13*

Der Nebel war zu allen Zeiten der Schrecken der Seeleute.

In gewissen Nebeln schweben mikroskopische Kristalle von Eis, welchen Mariott den Hof des Mondes, die Nebensonnen und Nebenmonde zuschreibt.

Die stürmischen Nebel reihen sich zu Bildungen an einander, indem verschiedene Dünste, von ungleichem specifischen Gewicht, sich mit den Ausdünstungen des Wassers vermischen, welche sich regelmäßig über einander häufen und so den dichten Nebel in Schichten theilen, wodurch derselbe eine bestimmte sichtbare Gestaltung gewinnt; zu unterst erscheint der Jod, über dem Jod der Schwefel, über diesem das Brom, und über dem Brom der Phosphor. Indem dadurch nach einem gewissen Verhältniß eine elektrische und magnetische Spannung entsteht, erklären sich viele Phänomene; das St. Elme-Feuer von Columbus und Magellan, die durch die Himmelszeichen fliegenden Sterne des Seneca, die beiden Flammen Castor und Pollux, wovon Plutarch spricht, die römische Legion, deren Speere Cäsar brennen zu sehen glaubte, die Spitze des Schlosses Duino in

Friaul, welche Funken sprühte, als die Schildwache
sie mit der Spitze ihrer Lanze berührte, und vielleicht
auch die Lichterscheinungen von unten herauf, welche
die Alten die Erdenblitze des Saturn nannten. Am
Aequator erscheint ein ungeheurer immerwährender
Nebel, wie um den Erdkreis geschlungen; das ist der
Cloud-ring, der Wolkenring. Der Cloud-ring kühlt
die tropische Gegend eben so ab, wie der Golfstrom
die Pole erwärmt. Hier befindet sich die „Pferde=
breite, Horse latitude; die Schiffer des vorigen Jahr=
hunderts warfen nämlich in dieser Gegend die Pferde
in das Meer, in Zeiten des Sturms, um sich zu er=
leichtern, in ruhigen Zeiten, um den Wasservorrath
zu ersparen. Columbus sagte: „Nube abajo es
muerte." Der niedrige Nebel ist der Tod. Die
Etrusker, welche für die Meteorologie dasselbe sind,
was die Chaldäer für die Sternkunde, hatten zwei
Priesterschaften, eine für das Gewitter, die andere
für den Nebel. Die Gewitterdeuter beobachteten die
Blitze, die Wasserdeuter den Nebel. Das Collegium
der alten Augurn des Tarquinius wurde von den
Thyrern, den Pelasgern, den Phöniziern und von allen .

Mittelmeerſchiffern der Urzeit um Rath gefragt. Man
ſagte damals die Entſtehung des Sturmes voraus;
dieſe aber iſt auf das Genaueſte verbunden mit der
Entſtehung des Nebels, ja, es iſt im Grunde ein
und daſſelbe Phänomen. Es giebt auf dem Ocean
drei Nebelregionen, eine äquatoriale und zwei polare;
die Seeleute geben ihnen nur einen Namen: Der
ſchwarze Topf.

Auf allen Seeſtrecken, und beſonders auf der des
Kanals, ſind die Aequinoctialſtürme gefahrbrohend; ſie
machen urplötzlich Nacht auf dem Meer. Eine Gefahr des Nebels, auch wenn er nicht ſehr dicht iſt,
beſteht darin, daß man die Veränderung des Grun-
des in Folge der Veränderung der Farbe der Ober-
fläche nicht erkennen kann; dadurch entſteht eine
ſchlimme Verheimlichung der Klippen und Untiefen,
welchen man ſich nähert, ohne es zu ahnen. Oft
geſtatten die Stürme dem Schiff auf ſeinem Wege
keine andere Vorſichtsmaßregel, als die Segel einzu-
ziehen oder Anker zu werfen.

Es werden eben ſo viel Schiffbrüche durch Nebel
wie durch Sturm veranlaßt.

Trotzdem kam nach einem sehr heftigen Nord=
wind, welcher auf einen jener Nebeltage folgte, das
Postschiff Cashmere wohlbehalten aus England an.
Es lief im Hafen von St. Pierre ein beim ersten
Strahle des Tages, der vom Meer aufstieg, in dem=
selben Moment, wo das Schloß Cornet durch einen
Kanonenschuß den Anbruch des Tages verkündigte.
Der neue Pfarrer von St. Sampson befand sich unter
den Passagieren dieses Schiffes.

Kurz nach der Ankunft des Cashmere verbreitete
sich in der Stadt das Gerücht, daß dieses Boot wäh=
rend der Nacht auf dem Meere von einer Schaluppe
angerufen worden sei, auf welcher sich eine schiff=
brüchige Mannschaft befunden habe.

Siebentes Capitel.

Der Schläfer im Felsenstuhl.

In dieser Nacht war Gilliatt, als der Wind sich gelegt hatte, fischen gegangen; doch wagte er sich nicht in das Meer hinaus, sondern hielt sich dicht an der Küste.

Zur Zeit der Flut kehrte er wieder nach Hause zurück; es mochte wohl um die zweite Nachmittags= stunde sein, die Sonne schien hell und strahlend. Als er am Kuhhorn vorüberkam, sah er einen Schatten in der Nische des Gild=Holm='Ur. Als er nahe genug herangekommen war, um deutlich erkennen zu können, sah er, daß dieser Schatten ein Mensch war, der auf dem Felsenstuhl saß. Das Meer war schon sehr hoch gestiegen, die Wogen umzingelten das Kuhhorn, die Rückkehr war unmöglich. Gilliatt gab nun dem

Mann im Felsenstuhl durch Zeichen zu verstehen, daß Gefahr im Anzuge sei; dieser jedoch beantwortete mit keiner Miene seine Zeichensprache; er schlief.

Dieser Mann trug einen schwarzen Anzug. — Er sieht aus wie ein Priester, dachte Gilliatt. Er kam ihn ganz nahe und sah, daß es ein junger Mann war.

Er kannte ihn nicht.

Das Meer war nun schon so hoch gestiegen, daß er die Füße des Schläfers erreichen konnte, wenn er sich auf den Rand des Schiffes stellte. Er that dieses, indem er zu gleicher Zeit beide Arme in der Richtung des Felsenstuhles ausstreckte. Diese Stellung brachte ihn in die äußerste Gefahr; wäre er in diesem Augenblick in das Meer gestürzt, so hätte er schwerlich je wieder die Oberfläche desselben geschaut, denn er hätte sich unfehlbar in dem engen Raum zwischen dem Kuhhorn und seiner Schaluppe den Kopf an den Felsen zerschmettert. Er ergriff den Schläfer am Fuß.

— Heba, was macht Ihr hier?

Der Jüngling erwachte.

— Ich genieße die schöne Aussicht, sagte er.

Er erhob sich nun und setzte hinzu:

— Ich komme von der Reise, habe die ganze Nacht auf dem Meere kein Auge geschlossen, und wollte mich durch einen Spaziergang am Strande erfrischen; dies Plätzchen hier lockte mich wegen der herrlichen Fernsicht, die es bietet, doch wollten die müden Augen nicht länger offen bleiben — Ihr traft mich eingeschlafen hier auf diesem Felsenstuhl. —

— In zehn Minuten hätte Euch die Flut in's Meer gespült.

— Bah!

— Springt in mein Schiff.

Gilliatt hielt mit dem Fuß die Barke fest, umklammerte mit einer Hand den Felsen und bot die Andere dem Fremden dar; dieser erfaßte sie und schwang sich leicht und behend in das Fahrzeug. Es war ein außerordentlich schöner junger Mann. Gilliatt ergriff nun das Ruder und in zehn Minuten war er an seinem Hause angelangt.

Der junge Fremde trug einen runden Hut und eine weiße Kravatte. Sein langer schwarzer Rock war bis an den Hals zugeknöpft. Blondes Haar bedeckte

sein Haupt wie eine Krone; er hatte ein fast weib-
liches Gesicht, ein reines Auge und ernste Züge.

Unterdessen hatte die Barke das Land erreicht;
Gilliatt befestigte das Ankertau in dem eisernen Ring;
als er sich umdrehte, reichte ihm die schöne weiße
Hand des Fremdlings ein Goldstück.

Er schob diese Hand sanft zurück.

Es entstand eine Pause. Der Jüngling nahm
zuerst wieder das Wort.

— Ihr habt mir das Leben gerettet, sagte er.

— Kann sein, antwortete Gilliatt.

Die Barke war nun befestigt; sie sprangen Beide
an's Land. Der junge Fremde wiederholte:

— Ich verdanke Euch mein Leben.

— Was thut das?

Dieser Antwort Gilliatt's folgte abermals eine
Pause.

— Seid Ihr aus diesem Kirchspiel? fragte nun
der Fremde Gilliatt.

— Nein, war die Antwort.

— Zu welchem Kirchspiel gehört ihr denn?

Gilliatt erhob die Hand gen Himmel und sagte:

— Zu jenem.

Der junge Mann grüßte und verließ ihn.

Nach einigen Augenblicken kehrte er jedoch zurück, zog ein Buch aus seiner Tasche und reichte es Gilliatt.

— Erlaubt mir wenigstens, Euch dieses anzubieten.

Gilliatt nahm es.

Es war eine Bibel.

Einen Augenblick darauf sah Gilliatt den jungen Mann den Weg nach St. Sampson einschlagen.

Da stand er, gelehnt an die Brustwehr, und sah dem sich Entfernenden so lange nach, als ihn sein Auge verfolgen konnte; dann aber senkte er den Kopf, vergaß seine neue Bekanntschaft, den Felsenstuhl und Alles, was eben jetzt noch seine Seele beschäftigt hatte, denn diese seine Seele hatte nur für einen einzigen Gedanken, nur für ein einziges Gefühl, nur für ein einziges Bild, das der Geliebten, Raum.

Eine Stimme, die ihn bei seinem Namen rief, riß ihn aus seinen Träumereien.

— He, Gilliatt!

Er kannte den Klang dieser Stimme.

— Was giebt es, Sieur Landoys?

Es war in der That Sieur Landoys, welcher in einer Entfernung von etwa hundert Schritten in seinem kleinen Phaeton an ihm vorüberfuhr. Er machte einen Augenblick Halt, um Gilliatt anzurufen, schien jedoch große Eile zu haben.

— Wichtige Neuigkeiten, Gilliatt, große Ereignisse. — Es hat sich etwas zugetragen —

— Wo?

— Im Hause der Muthigen.

— Was?

— Ich bin zu weit von Euch entfernt, um Euch Alles erzählen zu können.

Gilliatt erbebte.

— Verheirathet sich Miß Deruchette?

— Nein. Sie muß.

— Was meint Ihr?

— Gehet hin, so werdet Ihr es erfahren.

Sieur Landoys trieb sein Pferd an, und wie der Wind saufte der kleine Wagen dahin.

Fünftes Buch.

Der Revolver.

Erstes Capitel.

Das Wirthshaus am Hafen.

Sieur Clubin war ein Mann, welcher es verstand, seine Zeit abzuwarten, wenn er etwas vorhatte.

Er war klein und gelb und stark wie ein Stier.
Vergebens hatte es das Meer versucht, sein wachs-
gelbes Gesicht zu bräunen; es blieb ein Wachsgesicht,
und sogar sein Auge hatte etwas von dem Licht einer
Wachskerze. Sein Gedächtniß ließ ihn niemals im
Stich, es war von einer ganz merkwürdigen Unfehl-
barkeit. Hatte er nur ein einziges Mal einen Menschen gesehen, so hatte er ihn fest; seine Züge waren
für immer in sein Gedächtniß wie in ein Notizbuch
verzeichnet. Der lakonische Blick dieses Mannes packte
Jeden gleichsam mit festen Fingern. Sein Augapfel

bewahrte jedes Bild, das sich ihm einmal eingeprägt hatte; und mochten auch Jahre darüber hingegangen sein und das Alter die Gesichtszüge verändert haben, Sieur Clubin erkannte in dem gefurchten Gesicht das frühere junge Gesicht wieder. Es war unmöglich, das Gedächtniß dieses Mannes auch nur einen Augenblick zu täuschen. Sieur Clubin war wortkarg, nüchtern und kalt; niemals begleitete er seine Worte auch nur mit der geringsten Bewegung. Seine offene, redliche Miene nahm auf der Stelle für ihn ein. Viele Leute hielten ihn für naiv; er hatte eine gewisse Falte im Augenwinkel, welche ihm ein erstaunlich dummes Ansehen gab. Wir haben schon seine außerordentlichen Fähigkeiten als Seemann geschildert; auch sein Charakter als Mensch und Bürger ließ nichts zu wünschen übrig; er war in jeglicher Beziehung ein Muster. Keiner war so fromm, so heilig, als Sieur Clubin; es gab keinen gewissenhafteren, keinen redlicheren Menschen, als Sieur Clubin. Wem er verdächtig erscheinen konnte, der war sicherlich selbst ein verdächtiges Subject. Er war befreundet mit einem Wechsler, Namens Rebuchet, in St. Malo. Dieser

Mann sagte: „Keinem Anderen als Sieur Clubin würde ich mein ganzes Geschäft anvertrauen." Sieur Clubin war Wittwer. Seine verstorbene .Frau stand in dem Rufe eben so großer
Gewissenhaftigkeit, als er selber. Sie stand im Ruf
einer unerschütterlichen Tugend. Hätte ihr jemals der
Amtmann den Hof gemacht, so hätte sie es ganz sicher
dem Könige angezeigt; und wäre der liebe Gott in sie
verliebt gewesen, so hätte sie es sicher dem Pfarrer gebeich-
tet. Das Ehepaar Clubin war der personificirte Ausdruck
des englischen Wortes „respectabel." Sie galten
in ganz Torteval für Muster des Anstandes. War
Madame Clubin der Schwan, so war Herr Clubin
das Hermelin. Er wäre an einem Flecken gestorben.
Wenn er eine Stecknadel fand, so ruhete er nicht
eher, als bis er ihren Eigenthümer entdeckte. Den
Fund eines Packets Streichhölzer hätte er ohne
alle Frage veröffentlicht. Eines Tages gab er dem
Gastwirth von St. Servan fünf und sechszig Centimes zurück mit den Worten: „Freund, Ihr habt
Euch, als ich vor drei Jahren hier frühstückte, um
fünf und sechszig Centimes verrechnet."

14*

Das war ein großer Beweis von Ehrlichkeit.
Er kniff dabei die Lippen mit einem seltsamen Aus-
druck zusammen. Er schien ungehalten. Worüber?
Wahrscheinlich über die Gauner.

Jeden Dienstag führte Sieur Clubin die Durande nach St. Malo. Er kam daselbst des Abends an,
hielt sich zwei Tage auf, um seine Geschäfte zu be-
sorgen, und kehrte dann Freitag früh mit seinem be-
ladenen Schiff wieder nach Guernesey zurück.

Zu jener Zeit befand sich dicht am Hafen ein
kleines Wirthshaus, welches man die Herberge zum
Johannes nannte.

Das war das Absteigequartier Sieur Clubin's,
denn es befand sich in diesem Hause zu gleicher Zeit
das französische Bureau der Durande.

Die Zollbeamten und Küstenwärter aßen dort zu
Mittag. Sie hatten ihren besonderen Tisch. Die
Zollbeamten von Binic trafen dort mit ihren Colle-
gen aus St. Malo zusammen.

Es kamen auch häufig Schiffscapitäne dorthin,
welche ebenfalls, wie die Zollbeamten, ihren besonderen Tisch hatten.

Sieur Clubin setzte sich bald an diesen, bald an
jenen Tisch; er war an beiden gleich gern gesehen,
doch zog er in der Regel die Gesellschaft der Zoll=
beamten und Küstenwärter vor.

Man speiste sehr gut in diesem Hause. Ein ge=
wisser Herr Gertrais=Gaboureau präsidirte an der Tafel
der Schiffscapitäne. Dieser Mensch war eigentlich
kein Mensch, sondern ein Barometer. Seine lang=
jährigen Erfahrungen zur See hatten aus ihm einen
unfehlbaren Wetterpropheten gemacht. Er bestimmte
genau das Wetter des nächsten Tages vorher. Er
erkannte den Wind durch das Gehör. Er fühlte der
Fluth den Puls und sagte zu den Wolken: zeigt mir
Eure Zunge, das heißt den Blitz. Er war der Arzt
der Wogen, der Brisen, des Sturmes; der Ocean
war sein Kranker; er kannte den Zustand der Klimate
und die Pathologie der Jahreszeiten aus dem Grunde.
Er haßte England eben so sehr, als er den Ocean
liebte; er hatte die englische Marine nur studirt, um
ihre schwachen Seiten kennen zu lernen. Er beur=
theilte die Nationen nach ihren Marinen. England

nannte er Trinity House, Schottland Northern commissioners, Irland Ballast board.

Selten war der Gegenstand des Gespräches an dem Tische der Capitäne und an dem der Zollbeamten und Küstenaufseher derselbe. Dies war jedoch ausnahms= weise in den ersten Tagen des Februar, bis zu welchem Zeitpunkt unsere Geschichte vorgeschritten ist, der Fall. Der Capitän des Dreimasters Tamaulipas, Namens Zuela, welcher aus Chili gekommen war und wieder dorthin zurückkehren wollte, nahm dieses Mal die Aufmerksamkeit sämmtlicher Anwesenden in Anspruch. An der Tafel der Capitäne besprach man seine Schiffs= ladung, an dem Tische der Zollbeamten und Küsten= wärter gaben seine Schliche den Stoff zur Unterhal= tung. Der Capitän Zuela aus Copiapo hatte den Unabhängigkeitskrieg mitgemacht, und zwar in der unab= hängigsten Weise. Er hielt es bald mit Bolivar, bald mit Morillo, auch wohl mit Beiden zugleich, wie es ihm Vortheil brachte. Er war Allerweltsdiener, und als solcher reich geworden. Er war Bonapartist, Bour= bonist, Absolutist, Atheist, Katholik, und huldigte dem Liberalismus. Er war Alles und that Alles, wenn

es ihm etwas einbrachte. Er gehörte zu der großen
Partei, die man die Fraction „Nimm" nennen könnte.
Von Zeit zu Zeit machte Herr Zuela Handelsreisen
nach Frankreich, und wenn man dem Gerücht Glau=
ben schenken darf, machte er dadurch, daß er politi=
schen Flüchtlingen und Emigrirten, auch wohl ban=
kerotten Kaufleuten die Hand zur Flucht bot, ganz
ausgezeichnet gute Geschäfte; er nahm Alle, Schufte
wie Ehrenmänner, in sein Schiff auf, wenn sie nur
bezahlten. Die Polizei wußte er dadurch zu täuschen,
daß er die verdächtigen Passagiere nicht im Hafen
aufnahm, sondern von irgend einer einsamen Stelle
am Strande durch eines seiner Boote abholen ließ.
Er hatte auf seiner letzten Seereise den in contu=
maciam verurtheilten Berton entschlüpfen lassen, und
dieses Mal wollte er, wie man sich erzählte, mehrere
Personen, die sich in der Affaire an der Bidassoa
compromittirt hatten, mitnehmen. Die Polizei hatte
ein wachsames Auge auf ihn. Es war damals eine
wahre Fluchtepoche. Die Restauration war eine Re=
action. Die Revolutionen führen Emigrationen, die
Restaurationen Verfolgungen herbei. Während der

erſten acht Jahre nach der Wiedereinſetzung der Bour=
bonen beherrſchte ein paniſcher Schrecken die Finan=
zen, die Induſtrie und den Handel. Der Letztere
ſtand auf einem Bulkan. Die Bankerotte waren an
der Tagesordnung. „Rette ſich, wer kann!" — war
der Wahlſpruch der Politik geworden. Lavalette war
geflohen, Lefebvre Desnouettes Delon hatte die Flucht
ergriffen. Die außerordentlichen Gerichtshöfe wütheten,
mehr noch Treſtaillon. Man floh die Brücke von
Saumur, die Esplanade von La Réole, die Mauer
des Obſervatoriums von Paris, den Thurm von Tau=
rias in Avignon — düſtere Schattenbilder, welche die
Reaction in das Buch der Geſchichte verzeichnet, und
welchen noch heute die Spuren jener blutigen Hand
anhaftet. In London hatte der ſich nach Frankreich
verzweigende Prozeß Thiſtlewood, in Paris der ſich
nach Belgien, nach der Schweiz und Italien ver=
zweigende Prozeß Trogoff die Urſachen der Beſorg=
niß und der heimlichen Flucht vermehrt und ſelbſt
die höchſten Schichten der damaligen Geſellſchaft faſt
bis zur Entvölkerung unterwühlt. Alles zitterte und
floh. . Sich und ſein Hab' und Gut in Sicherheit

bringen, war das Einzige, woran man dachte. Wer verdächtig befunden wurde, war verloren. Man floh nach Texas, man rettete sich nach Peru oder Mexico. Die Männer von der Loire, damals Räuber, heute Nabobs, hatten jene Colonie, das berühmte „Zufluchts=feld" in Texas gegründet. Béranger sang: Ihr Wilden, wir sind Franzosen, habt Mitleid mit unserem Ruhm! Die einzige Rettung war Auswanderung. Nichts aber ist weniger leicht als die Flucht. Dieses einsylbige Wörtlein bezeichnet einen Abgrund von Elend. Wer flüchtet, hat mit tausend Hindernissen zu kämpfen; sehr vornehme, sogar berühmte Personen mußten Verbrecher = Schleichwege wählen, um zu ihrem Ziele zu gelangen. Es fehlt aber diesen Armen an der die Verbrecher auszeich=nenden Geschicklichkeit; es giebt nichts Linkischeres, als die Rechtlichkeit vor dem Richterstuhl.

Nur für den Unredlichen ist die Flucht leicht und sogar mit Vortheilen verbunden. Es war durch=aus nichts Ungewöhnliches, irgend einen vor den Gesetzen Englands oder Frankreichs Flüchtenden in fremdem Lande als Hohenpriester oder als Groß=

mogul wieder auftauchen zu fehen. Es wurde ein
bestimmter Induftriezweig, den Flüchtlingen für Geld
und gute Worte Gelegenheit zur Flucht zu bieten.
Wer fich nach England flüchten wollte, wandte fich
an die Schmuggler; wer nach Amerika zu flüchten
beabfichtigte, wandte fich an Betrüger von fo alter
Praxis, wie der Capitän Zuela.

Zweites Capitel.

Clubin bemerkt Jemanden.

Zuela speiste zuweilen in dem Wirthshaus am Hafen. Sieur Clubin kannte ihn von Ansehen.

Man konnte Sieur Clubin nicht nachsagen, daß er stolz sei; er verschmähte es nicht, die oberflächliche Bekanntschaft von Banditen und Spitzbuben zu machen; zuweilen hatte er sogar freundschaftliche Beziehungen mit Einem oder dem Anderen dieser gefährlichen Subjecte angeknüpft; man bemerkte öfter, wie er ihnen im Vorübergehen die Hand reichte oder einen Gruß zuwinkte. Er sprach englisch mit dem Schmuggler und rabebrechte spanisch mit dem „Contrabandist." Sieur Clubin hatte darüber seine eigenen Grundsätze: Der Zweck heiligt die Mittel. — Auch das Böse kann

dem Guten zu Nutz und Frommen gereichen. —
Es kommt dem Wildhüter zu Statten, wenn er sich
zuweilen mit dem Wilddieb unterhält. — Der Pilot
muß den Piraten kennen lernen, denn der Pirat ist
eine Klippe. Sieur Clubin sagte ferner: Ich bin der
Arzt, der das Gift kostet. Wer kann gegen solche
Grundsätze etwas einzuwenden haben? Alle Welt gab
dem Sieur Clubin Recht; man hatte durchaus nichts
dagegen einzuwenden, daß Sieur Clubin mit Gesindel
verkehrte; man hätte es für eine lächerliche Abge=
schmacktheit gehalten, wenn er sich aus Furcht vor
übler Nachrede nicht mit diesen Leuten eingelassen
hätte. Wer konnte bei einem so ausgezeichneten Ehren=
mann, wie Sieur Cluin etwas Arges darin finden? Man
war so vollkommen davon überzeugt, daß Alles, was
Sieur Clubin zu thun für gut fand, zum Besten der Du=
rande geschah, daß er überall nur den Vortheil seines
Capitäns im Auge hatte. Den Ruf Sieur Clubins
konnte Nichts erschüttern. Der Krystall nimmt keine
Flecken an. Seine Sünden waren nur Scheinsünden,
und als solche ihm im Voraus vergeben. Man kannte
seine Klugheit; man wußte, daß sein vertraulicher

Umgang mit den Spitzbuben nur das Resultat dieser Klugheit war; daher dienten derartige Klugheitsrücksichten seiner Ehrlichkeit nur als Relief.

Sieur Clubin stand in dem Ruf der Treuherzigkeit und Offenheit, demungeachtet mußte man ihm eine ganz außerordentliche Geschicklichkeit zuerkennen. Es ist dieser scheinbare Widerspruch eine der Variationen des ehrlichen Mannes, welche ungemein geschätzt werden. Sieur Clubin besaß die so sehr geschätzte Vereinigung dieser beiden Eigenschaften. Wenn man ihn im Gespräch mit einem Spitzbuben überraschte, so hatte dies durchaus nichts Beunruhigendes; man wußte, Sieur Clubin war ein Ehrenmann; wenn er es für gut einsah mit Spitzbuben zu verkehren, so mußte er seine wohlbegründeten Absichten dabei haben, und es fiel Keinem auch nur im Entferntesten ein, dabei etwas zu finden, oder ihn wohl gar deshalb zur Rechenschaft zu ziehen.

Der Dreimaster Tamaulipas war zur Abfahrt gerüstet und sollte in acht Tagen in See gehen.

An einem Dienstag Nachmittag kam die Durande noch bei hellem Tageslicht in St. Malo an. Sieur

Clubin bewachte, wie gewöhnlich, das Einlaufen in den Hafen des Dampfbootes, denn er hatte als treuer, für den Vortheil seines Herrn bedachter Diener sein Falkenauge überall. Als das Schiff sich dem Hafen näherte, bemerkte er auf dem Strande an einem sehr einsamen Orte zwischen zwei Felsen zwei Männer, welche miteinander sprachen. Er nahm das Fernrohr zur Hand, und erkannte den Einen derselben als den Kapitain Zuela; es schien, daß ihm auch der Andere nicht unbekannt war.

Dieser Andere hatte eine robuste Gestalt; sein breiter Hut und sein übriger Anzug gab ihm das Ansehen eines Quäkers; auch hatte er den zu Boden gerichteten Blick dieser Secte.

Als Sieur Clubin in das Wirthshaus am Hafen kam, erfuhr er, daß der Dreimaster Tamaulipas gerüstet und in acht Tagen in See ginge.

Es ergab sich später, daß Sieur Clubin auch noch speciellere Erkundigungen eingezogen hatte.

Bei einbrechender Nacht ging er zu einem Waffenhändler in der Straße St. Vincent und sagte zu ihm.

— Wißt Ihr, was ein Revolver ist?

— Ja, antwortete dieser, es ist eine amerikanische Erfindung.

— Eine Pistole, welche immer von Neuem anfängt zu reden..

— Jawohl, welche stets der Frage die Antwort auf dem Fuße folgen läßt —

— Und dann die Frage wiederholt.

— Ganz recht. Diese Pistole hat einen Lauf, welcher sich dreht.

— Und worin sich fünf bis sechs Kugeln befinden.

Der Waffenhändler schnalzte mit der Zunge, zum Zeichen seiner Verehrung für diese amerikanische Erfindung, und setzte mit wichtiger Miene hinzu:

— Es ist dieses eine ganz vortreffliche Waffe, Sieur Clubin, eine Erfindung, die ihren Weg machen wird.

— Ich wünschte einen Revolver mit sechs Kugeln zu kaufen.

— Ich habe keine.

— Wie das? Ihr seid ja Waffenhändler.

— Es ist eine funkelhagelneue Erfindung, Steur Clubin, die soeben erst auftauchte. Man bedient sich in Frankreich noch immer der einfachen Pistole.

— Teufel!

— Ich führe diesen Artikel noch · nicht.

— Teufel!

— Doch könnt Ihr bei mir ganz vortreffliche Pistolen kaufen.

— Ich brauche einen Revolver.

. — Nun ja — ich begreife — ein Revolver ist schon besser, als eine einfache Pistole — wartet einmal — ich besinne mich — da ist —

— Was?

— In St. Malo —

— Ein Revolver?

— Ja.

— Zu verkaufen?

— Ja.

— Wo?

— Ich glaube es zu wissen — ich werde mich erkundigen —

— Wann kann ich mir die Antwort holen?

— Ihr macht da einen ganz vortrefflichen Kauf — ich kann Euch diesen Revolver empfehlen —

— Wann kann ich mir die Antwort holen?

— Wenn ich Euch sage, die Waffe ist gut, so könnt Ihr sie auf meine Verantwortung kaufen —

— Wann kann ich mir die Antwort holen?

— Wenn Ihr das nächste Mal nach St. Malo kommt.

— Verrathet nicht, daß der Revolver für mich ist, sagte Clubin.

———

Drittes Capitel.

Clubin nimmt Etwas mit und bringt es nicht wieder.

Sieur Clubin belud die Durande mit einer gewissen Anzahl Ochsen und Passagiere, und trat, wie gewöhnlich, am Freitag Morgen die Rückreise nach Guernesey an. Als das Schiff den Hafen verlassen und dem Kapitain die Zeit vergönnt war, die Kommandobrücke für einige Augenblicke zu verlassen, ging Clubin in seine Koje, schloß sich ein, nahm ein ihm gehörendes Felleisen, packte Kleidungsstücke, Bisquit, ein Pfund Cacao, einige Schachteln mit Eingemachtem in eine Abtheilung desselben und legte in die andere sein Chronometer und sein Fernglas. Dann schloß er das Felleisen sorgfältig zu und befestigte in beiden Ohren desselben ein Thau, um es im Nothfall auf-

hissen zu können. Dann stieg er in den unteren
Schiffsraum hinab, trat in das Kabelgat, und kam
mit einem jener knotigen und an dem Ende mit einem
Haken versehenen Stricke, deren sich die Kalfaterer
auf dem Meere und die Diebe auf dem Lande be=
dienen, auf das Verdeck zurück.

Als Clubin in Guernesey angelangt war, ging
er nach Torteval; daselbst hielt er sich eine Stunde
auf. Er nahm den Hakenstrick und das Felleisen
dorthin mit und brachte beides nicht wieder nach Guer=
nesey zurück.

Sagen wir es ein für alle Mal: das Guernesey,
von welchem hier die Rede ist, ist das ehemalige,
nicht das jetzige Guernesey. Das alte Guernesey ist
verschwunden; man würde höchstens in den Dörfern
noch Spuren davon vorfinden, dort mag es wohl
noch leben; in den Städten ist es todt. Was wir
hier von Guernesey sagen, gilt auch von Jersey. St.
Helier ist so gut als Dieppe, St. Pierre=Port so gut
als Lorient. Dank dem bewunderungswürdigen Geist
der Initiative, der dieses muthige kleine Inselvolk
auszeichnet, hat sich seit vierzig Jahren der ganze

15*

Archipelagus des Canals geändert. Da, wo ehemals Schatten war, ist heute Licht.

In jenen Zeiten, die schon durch ihre Entfernung historisch sind, wurde der Schleichhandel sehr stark betrieben. Die Westküste von Guernesey war wie besät mit Schmugglerschiffen. Mehr als genau unterrichtete Personen, welche noch bis in die kleinsten Details die Dinge zu schildern im Stande sind, welche vor einem halben Jahrhundert passirten, wissen jetzt noch die Namen mehrerer der damaligen Schiffe zu nennen. Gewiß ist, daß beinahe in jeder Woche einige, entweder in Plainmont oder in der Bucht der Heiligen einliefen. Sie kamen und gingen mit einer gewissen Regelmäßigkeit fast wie die heutigen Dampfboote. In der Nähe von Serk befand sich eine Grotte, welche man den Laden nannte, weil an dieser Stelle die Schmuggler ihre Waaren verkauften. Diese Leute hatten damals ihre besondere Sprache, welche heut zu Tage Niemand mehr verstehen würde; dieses Idiom verhielt sich ungefähr zur spanischen Sprache, wie das der Levante zur italienischen.

An vielen Orten des englischen und französischen

Uferlandes, bestand zwischen Kaufleuten und Schleich=
händlern ein geheimes Einverständniß. Mehr als
ein renommirtes Handelshaus öffnete dieser seine
Thür, natürlich nur die Hinterthür; und gar man=
cher angesehene Handelsherr verdankte dem Schleich=
handel seine Reichthümer. Wenigstens behauptete
Séguin dieses von Bourgain, und Bourgain von
Séguin. Wir können die Wahrheit ihrer Aussage
nicht verbürgen; vielleicht verleumdeten sie sich gegen=
seitig. Wie dem auch sei, der von den Gesetzen ver=
dammte und verfolgte Schleichhandel stand mit der
Finanzwelt, also mit der besten Gesellschaft, auf sehr
gutem Fuße.

Eben dies gewährte ihm Schutz gegen die Ge=
setze; man sah den Schleichhändlern durch die Finger,
weil sie Mitwisser vieler Geheimnisse waren. Es gab
keine verschwiegnere Leute, als die Schmuggler,
keine ehrlichere Spitzbüberei, als der Schleichhandel.
Der Schleichhandel ohne Verschwiegenheit war eine
Unmöglichkeit, seine Geheimnisse waren eben so heilig
wie das Beichtgeheimniß.

Nichts konnte das gegebene Wort eines Schmugg=

lers wankend machen. Ein Alkade in Oyarzun ließ
eines Tages einen Schmuggler foltern; er sollte ge=
stehen, wer ihn mit geheimen Geldvorschüssen unter=
stützte. Er gestand Nichts. Der ihm die Geldvor=
schüsse geliefert hatte, war der Alkade selber. Der
eine der beiden Mitschuldigen mußte, um vor den
Augen der Welt dem Gesetz zu genügen, den anderen
foltern lassen; der andere hatte die Folterqualen aus=
gestanden, um den Eid nicht zu brechen.

Die beiden berühmtesten Schmuggler, welche zu
jener Zeit in Plainmont verkehrten, hießen Blasco
und Blasquito. Sie waren Namensvettern, was in
dem katholischen Spanien für eine Verwandtschaft
gilt, und zwar deshalb, weil Beide denselben Schutz=
patron im Himmel haben — in der That, ein bei=
nahe ebenso inniges Band, als auf Erden denselben
Vater zu haben!

Viertes Capitel.

Plainmont.

Plainmont, nahe bei Torteval, ist einer der drei Winkel von Guernesey. Es befindet sich dort auf der äußersten Spitze des Kaps ein hoher, von Rasen bedeckter Bergrücken, der das Meer beherrscht.

Diese Höhe ist sehr einsam, um so einsamer, da man ein Haus daselbst bemerkt. Dieses Haus gesellt zu dem Gefühl der Einsamkeit noch den Eindruck der Furcht.

Es ist, wie man sagt, ein Gespensterhaus. Verhext oder nicht: jedenfalls ist sein Anblick ein unheimlicher.

Es steht mitten im Grünen, ist von Granit erbaut und hat nur ein einziges Stockwerk.

Es hat nichts von einer Ruine; es ist vollkom=
men wohnlich. Die Mauern sind dicht und das Dach
ist fest. Es fehlt diesen Mauern kein Stein, dem
Dach kein Schiefer. Der von Ziegelsteinen gebaute
Schornstein ist unversehrt. Dieses Haus kehrt dem
Meere den Rücken zu; es zeigt diesem nur eine leere
Wand. Betrachtet man indessen diese Wand genauer,
so bemerkt man in derselben ein zugemauertes Fenster.
Die beiden Giebel haben drei Fensterluken: eine nach
Osten, die beiden andern nach Westen. Alle drei sind
vermauert. Nur die Landseite hat eine Thür und
Fenster. Die Thür ist vermauert, die beiden Fenster
des Erdgeschosses ebenfalls. Im ersten Stock sind
zwei offene Fenster, deren Anblick das Haus doppelt
unheimlich macht. Die zugemauerten Fenster sind
weniger schreckenerregend, als diese beiden offenen,
deren Oeffnung bei hellem Tage schwarz erscheint.
Sie haben weder Scheiben noch Rahmen; es sind
schwarze Mauerlöcher, welche wie zwei leere Augen=
höhlen aussehen. Im Innern des Hauses ist Alles
roh; man sieht hinter diesen beiden dunkeln Luken
nichts, als die nackte Steinwand. Man glaubt ein

Leichenhaus zu sehen. Keine menschliche Wohnung
nah und fern, lautlose Stille rings umher. Nur
Brennesseln welche der Wind bewegt, streifen den Fuß
der Mauer. Dennoch hört man, wenn man das Ohr
dicht an die Wand hält, bisweilen ein Geräusch wie
der Flügelschlag aufgescheuchter Vögel. Ueber der
Thür dieses Hauses sind die Buchstaben ELM-PBJLG
und das Datum 1780 eingegraben. Des Nachts fällt
das trübe Mondlicht darauf.

Das Meer schlingt sich wie ein Gürtel um dieses
Haus, seine Lage ist herrlich, und darum um so grauenvoller.
Die Schönheit dieses Ortes wird zum Räthsel. Wa=
rum nur ist jenes Haus nicht bewohnt? Ist es nicht
gut gebaut, und in wohnlichem Zustande? Woher
kommt es nur, daß es so einsam und verlassen ist?
Rings umher vortreffliches Erdreich; doch kein Pflug
der es beackert, keine Menschenhand, die den Pflug
leitet, um Nutzen aus dem guten Boden zu ziehen.
Hat dieses Haus denn keinen Herrn? Die Thür ist
vermauert. Warum? Was geht in seinem Inneren
vor? Wenn Nichts, warum wohnt Niemand darin?
Warum flieht' Alles vor diesem einsamen Gebäude?

Ist es denn wirklich unbewohnt von menschlichen We=
sen? Hausen nur Raubvögel und Geister darin?
Geht Niemand über die Schwelle dieser vermauerten
Thür? Nur Regen, Wind und Hagel erzwingen sich
den Eingang durch die offenen Fenster, und lassen im
Innern ihre verheerenden Spuren zurück. Nur der
Sturm rast durch diese nackten Mauern. Birgt dieses
Haus irgend ein Verbrechen? Scheint es doch, als
müßte dies Haus des Nachts in seiner trostlosen Oede
um Hülfe rufen. Schon am hellen Tage bietet es
einen unheimlichen Anblick dar; wie wohl in der
Nacht? Ist es nicht, als ob diese Mauern ein tiefes,
unergründliches Geheimniß bärgen? Ein heiliger
Schrecken herrscht in diesen Mauern. Der Schatten,
den sie in sich bergen, ist ist nicht bloßer
Schatten, nein, es ist der dunkle Schooß, in dem das
Unbekannte wohnt. Wenn die Sonne untergegangen
ist, wenn die Fischer heimkehren und der Vögel Lied
verstummt, wenn der Schäfer seine Heerde heimwärts
treibt und sich das kriechende Gewürm zwischen dem
Steingerölle ein Plätzchen für die Nachtrast sucht,
wenn des Himmels Sternenaugen glänzen, und sich

ein kühler Wind erhebt, und wenn die Nacht den
dunkeln Schleier über die ganze Erde breitet, dann
stehen die beiden Fenster dieses unheimlichen Hauses
offen und schauen mit ihren hohlen Augen in die
schwarze Nacht hinein. Des Volkes Aberglaube machte
dieses herrenlose Haus zum Eigenthum der Nacht,
zum Zufluchtsort ·der Nachtgeister und der armen
Seelen, die Erlösung hoffend und ersehnend die Luft
in diesen Räumen mit ihren Klagen füllen. Der
stumpfsinnige, und doch zu gleicher Zeit auch tief=
sinnige Glaube des Volkes macht dieses Haus zum
Eigenthum der Geister. „Es ist ein Gespensterhaus",
damit ist alles gesagt.

Bildet sich der Aberglaube seine Meinung, so hat
auch die Vernunft das Recht ihrer Meinung. Sie
erklärt die Sache ganz einfach. Dieses Haus, sagt
sie, ist ein alter Beobachtungsposten aus der Zeit der
Revolutionskriege, des Kaiserreichs und des Schmug=
gels. Nach Beendigung des Krieges wurde der Posten
aufgegeben; das Haus aber hat man stehen lassen,
um es gelegentlich wieder einmal zu benutzen. Man
hat die Thür und die Fenster des Erdgeschosses ver=

mauert, um es vor Verunreinigung zu bewahren und unzugänglich für Menschen zu machen; und durch die Vermauerung der Fenster an seinen drei Seeseiten suchte man es gegen Beschädigung durch die Süd- und Westwinde zu sichern. Das ist Alles.

Die Unwissenden und Abergläubigen blieben bei ihrer Meinung. Erstens ist dieses Haus nicht während der Revolutionskriege erbaut. Es trägt an seiner Thür das Datum 1780, sei also älter als die Revolution. Zweitens war dieses Haus auch nicht zu einem Wachthaus bestimmt. Es trägt die Buchstaben ELM-PBLJG; diese seien die doppelte Namenschiffer zweier Familien, und nach altem Brauche bedeute dies, daß das Haus zur Wohnung für ein junges Gattenpaar bestimmt gewesen sei. . Es war also ehemals bewohnt. Warum ist es jetzt nicht mehr bewohnt? Wenn man die Thür und die übrigen Fenster zumauerte, warum ließ man gerade jene beiden Fenster offen? Man hätte sämmtliche Fenster oder keins zumauern müssen. Warum gerade die Fenster der Südseite, und nicht auch die der Nordseite vermauern? Ist denn die Nordseite weniger den Verheerungen der Stürme und des Unwetters ausgesetzt, als die Südseite?

Die Abergläubigen sind ganz sicher im Unrecht; aber auch die vernünftigen Leute haben nicht Recht. Die Sache war und blieb ein Räthsel.

Gewiß ist nur, daß dies Haus den Schmugglern eher nützlich als schädlich erschienen sein soll. Der Schreck nimmt allen Dingen ihre wahren Verhältnisse. Ohne Zweifel würden viele Spukgestalten, die der Aberglaube in die Räume dieses Hauses versetzt, sich durch natürliche, wirkliche menschliche Gestalten von Fleisch und Blut ersehen lassen, welche sich in nächtlicher Weile in diese Mauern flüchteten, und die die Furcht des Volkes benutzten, um sich ungestört und ungehindert dort Beschäftigungen hinzugeben, welche das Auge des Gesetzes fürchten mußten.

Die Polizei war zu jener Zeit und ganz besonders in den kleineren Ländern, noch kein so wohlorganisirtes Institut als heute; sie ließ der Kühnheit der Abenteurer und Verbrecher einen viel größeren Spielraum, als dieses jetzt der Fall ist.

Fügen wir dem Gesagten noch hinzu, daß dieses

Haus ein um so erwünschterer Schlupfwinkel für die
Schmuggler war, weil es sich durch seine Lage den
beobachtenden Blicken der Zollbeamten und Küsten=
wärter entzog. Diese Leute fürchten bekanntlich we=
der den Teufel noch seine Großmutter; sie machen
diesen eben so gut wie anderen Leuten den Proceß,
während sich die Abergläubigen damit begnügen zu
entfliehen, und das Kreuz zu schlagen, wenn sie in die
Nähe der vermeintlichen Gespenster kommen. Es hat
fast den Anschein, als ob diejenigen, welche Furcht zu
erregen beabsichtigen, und die, welche Furcht empfin=
den, ein stilles Uebereinkommen mit einander getroffen
hätten, sich gegenseitig durch die Finger zu sehen; die
Erschrockenen bilden sich ein, etwas gesehen zu haben,
dessen Enthüllung die Geister scheuen müßten und die
sie an ihnen rächen würden; daher ihr unver=
brüchliches Schweigen über dergleichen Dinge. Die
Furchtsamen schweigen überdies schon aus Instinct,
die Furcht hat etwas Schweigengebietendes. Es ist,
als ob sie dem vor Schrecken Bleichen den Finger auf
den Mund legte; das Wort erstarrt auf seinen Lippen,
und die Züge seines Antlitzes werden zu Marmor.

Wir müssen unsere Leser daran erinnern, daß zu
jener Zeit die Guernesetzer noch des Glaubens lebten,
daß sich in jedem Jahre das Mysterium der Krippe
um die Weihnachtszeit erneuere. Niemand hätte es
gewagt, am heiligen Abend in einen Stall zu treten,
aus Furcht, die Thiere vor der Krippe auf den Knien
liegend anzutreffen.

Wenn man den Legenden Glauben schenken darf,
welche dort in der Gegend und zu damaliger Zeit
gäng und gäbe waren, so hatten die Furchtsamen
damals die Mauern jenes verrufenen Hauses in Plainmont ganz mit Ratten ohne Pfoten, Fledermäusen
ohne Flügel, und mit Gerippen todter Thiere behängt.
Man kann noch heute die Spuren der in den Wänden eingeschlagenen Nägel erkennen. Auch Büschel
gelber Wolfsmilch und zwischen den Blättern einer
Bibel zerquetschte Kröten hängte man dort auf. Die
Vorübergehenden hielten es nämlich für eine ganz un-
erläßliche Nothwendigkeit, den Hexen und Gespenstern
solche Opfergaben zu bringen, um sich auf diese Art
von ihnen Verzeihung für ihren Vorwitz zu er-
kaufen.

Es giebt überall in der Welt Abergläubige,
zuweilen sogar sehr hochgestellte.

Cäsar besuchte Sagane, Napoleon I. Mademoi-
selle Lenormand. Es giebt Menschen, die sogar den
Teufel zu bestechen suchen; sie bitten ihn, daß er, was
Gott gethan, nicht wieder verderben möge." Das
war eins der Gebete Carl des Fünften. Es giebt
aber auch furchtsame Menschen, welche sich einbilden,
ein Unrecht gegen den Bösen begehen zu können, das
sie ihm abbitten müßten; Menschen, deren eifrigstes
Bestreben es ist, sich mit dem Teufel auf guten Fuß
zu stellen. Daher die Opfer, welche dem Bösen gebracht werden. Es ist dieses eine Bigotterie wie jede
andere. Gewisse kranke Gemüther glauben an das
Vorhandensein von Sünden gegen die Dämonen.
Die Theologen der Unwissenheit haben die abgeschmack-
testen Vorstellungen von den Gesetzen der Hölle
und ihren Uebertretungen. Es giebt Leute, welche sich
einbilden, daß auch das Böse seinen Cultus, seine
Religionsgesetze habe, deren Uebertretung eben so
straffällig, wie die der übrigen Gesetze sei; daß man
den Geist der Lüge nicht belügen dürfe, und vor dem

Vater der Sünde ein Bußgebet sprechen müsse. Der Aberglaube hat so gut sein Glaubensbekenntniß und seinen Kultus wie die Religion; wenigstens war dies damals der Fall. Die Hexenprozesse, deren Akten von Paragraphen dieses eigenthümlichen Glaubensbekenntnisses wimmeln, geben einen Beweis davon. Der menschliche Irrthum geht weit, so weit, daß eingebildete Sünden durch eingebildete Strafen getilgt, und unsaubere Gewissen mit dem Hexenbesen gereinigt werden.

Wie dem auch sein mochte, ob mit Recht oder Unrecht. Dies Haus war verrufen; Keiner wagte sich herein, Jeder vermied die nähere Bekanntschaft seiner unheimlichen Bewohner.

Es hatte den Schrecken zu seinem Hüter angestellt; die Furcht hielt alle Beobachter fern. Es war daher sehr leicht, mit Hülfe einer Leiter oder des ersten besten von einem benachbarten Acker geraubten Pfahlzauns in seine inneren Räume zu bringen. Der Flüchtling, welcher ein Asyl vor dem verfolgenden Gesetze suchte, konnte mit etwas Wäsche, Kleidung und Lebensmitteln versehen, ganz ruhig in diesem Hause so lange verweilen, bis sich ihm eine Gelegenheit zur heimlichen Entweichung bot.

Man erzählt sich, daß vor ungefähr vierzig Jahren ein politischer Flüchtling, wiedie Einen, — ein Bankeruttirer, wie die Anderen sagen, in diesem Hause in Plainmont Zuflucht gefunden habe. Später sei ihm durch ein Fischerboot Gelegenheit zu weiterer Flucht geboten worden. Man sagt, er habe sich nach England gewandt. Von England aus gelangt man sehr leicht nach America.

Es geht ferner die Sage, daß alle von den Flüchtigen auf dieser Stelle zurückgelassenen Sachen unberührt dort liegen bleiben; denn es sei sowohl für den Teufel, als für die Schmuggler von Inter= esse, daß der wieder komme, der sie daselbst zurück= gelassen hat.

Vom Dache dieses Hauses sieht man etwa eine Meile südwärts von der Küste die Klippe des Hanvis.

Diese Klippe ist berühmt. Sie hat so viel Böses angerichtet, als ein Felsen im Meere nur an= richten kann. Der Hanvis ist eines der gefürchtetsten

Mörder des Kanals; er hat die Kirchhöfe von Tor=
teval und Roqualne mit vielen Gräbern bereichert.

Im Jahre 1862 erbaute man auf einer der Klippen
des Hanois einen Leuchtthurm. Derselbe Felsen, der
früher die Schifffahrer in das Verderben riß, beleuchtet
jetzt das Meer. Man sucht jetzt als Beschützer und
Leiter am Horizont das Licht auf jener selben Klippe,
die man ehemals wie einen Uebelthäter floh. Der
Hanois ist jetzt eine Beruhigung für Diejenigen,
welche bei Nacht jene Seestrecke befahren, die er ehe=
mals so gefahrvoll machte. Diese Metamorphose hat
einige Aehnlichkeit mit der Umwandlung eines Räu=
bers in einen Soldaten.

Der Hanois besteht aus drei verschiedenen Felsen,
welche man den großen und dem kleinen Hanois und
die „Malve" nennt. Auf dem kleinen Hanois er=
richtete man den Leuchtthurm.

Diese drei Klippen beherrschen eine ganze Fel=
sengruppe, welche sich zum Theil unter Wasser be=
findet und sich durch hervorragende Spitzen auch über
dem Wasser bemerkbar macht. Diese, die kleineren
Klippen beherrschenden Felsen haben das Ansehen

16*

einer Feſtung. An der hohen Seeſeite bildet ſich eine Kette von dreizehn Felſen; an der Nordſeite befinden ſich zwei Brandungen, die Haules=Fourquiers und die Aiguillons, und eine Sandbank' l'Héronée gegen Süden drei Felſen, der Cat-Roque, der Percé und der Roque Herpin; ſodann die Soute Bone und die Bonet Le Monet; außerdem vor Plainmont, dem Waſſer gleich, der Tas de Pois d'Aval.

Es iſt ſehr ſchwierig, jedoch nicht unmöglich, den Engpaß des Handis bis Plainmont zu durchſchwimmen. Sieur Clubin hat es, wie wir wiſſen, bewieſen. Es bieten ſich dem Schwimmer, welcher dieſen Engpaß ganz genau kennt, zwei Ruhepunkte, der Roque rondel, und der dieſem links in ſchräger Richtung gegenüberliegende Roque rouge bar.

Fünftes Capitel.

Die kleinen Nest=Ausnehmer.

Ungefähr zu derselben Zeit, wo Sieur Clubin in Torteval war, ereignete sich etwas in der Gegend von Plainmont, was erst längere Zeit nachher bekannt wurde; denn alles Schreckliche bindet denen, welche es erlebt haben, die Zunge.

Es war an einem Sonnabend — wir glauben dieses Datum mit Bestimmtheit annehmen zu dürfen — als drei Knaben die steilen Felsenhöhe der Umgegend von Plainmont erkletterten. Sie waren eben im Begriff, mit reicher Beute versehen, nach Hause zu kehren. Es waren nämlich kleine Nest=Ausnehmer. Ueberall, wo es steile Gestade und Löcher in den in das Meer ragenden Felsen giebt, wimmelt es von diesen kleinen Räubern. Wir erwähnten dieser Sache schon, als wir von Gilliatt erzählten und von der großen Mühe, welche er sich gab, die gefährliche Jagd der Kinder zu verhüten.

Die kleinen Vogelnest-Ausnehmer sind so zu sagen, die Straßenbuben des Oceans. Furcht ist ihnen fremd.

Die Nacht war sehr dunkel; dicht übereinander gehäufte Wolkenschichten verfinsterten den Horizont. Die Glocke des runden, oben spitz zulaufenden Kirchthurms von Torteval, welcher der Mütze eines Magiers sehr ähnlich sah, schlug soeben die dritte Morgenstunde. Warum kehrten die Knaben so spät nach Hause zurück?' Das ist ganz einfach. Sie hatten im Tas de Pois d'Aval Mövennester ausgenommen. Vom schönen Wetter hinausgelockt, hatten sie sich bei ihrem, eine ganz besondere Geschicklichkeit, große Aufmerksamkeit und viele Zeit erfordernden, Jagdvergnügen verspätet. Die Fluth überraschte sie; sie konnten nicht schnell genug die kleine Bucht erreichen, in welcher sie ihr Boot befestigt hatten und waren daher gezwungen, auf einer der Felsenspitzen des Tas

de Pois die Ebbe abzuwarten. So hatte die Nacht
sie überrascht. Die von Angst und Sorgen um die
Ihrigen gequälten Mütter erwarten ihre Sprößlinge
mit fieberhafter Ungeduld. Kommen diese dann end=
lich, so macht sich das so lange geängstigte, von
Unruhe gepeinigte, und nun wieder beruhigte Mutter=
herz, ungeachtet seiner geheimen Freude über die
glückliche Wiederkehr der kleinen Ausreißer, gewöhn=
lich durch Püffe und Ohrfeigen Luft. Unsere Jäger,
welche einen ähnlichen Empfang voraussahen, eilten,
die Heimath zu erreichen. Allein eine gewisse Unruhe,
welche sich mehr und mehr ihrer bemächtigte, je
näher sie dem gefürchteten Ziele kamen, hemmte
ihre Schritte. Sie hatten eine mit Rippenstößen ver=
setzte Umarmung in Aussicht.

Nur einer der drei kleinen Landstreicher hatte
Nichts zu fürchten; er war eine Waise, ein kleiner
Franzose, der weder Vater noch Mutter hatte und
in diesem Augenblick mit seiner Mutterlosigkeit ganz
einverstanden war. Niemand ängstigte sich um ihn;
es wird ihn also Niemand schlagen. Die beiden An=

deren waren Guernesey Kinder und gehörten zu dem
Kirchspiel von Torteval.

Als die Gruppe der höchsten Felsen erstiegen
war, erreichten die kleinen Vogelräuber die Anhöhe,
auf welcher sich das unheimliche Haus befindet.

Nicht ohne Furcht und Grauen näherten sie sich
demselben. Kein Erwachsener, der bei Tage in diese
verrufene Gegend kam, konnte sich eines ängstlichen
Gefühles erwehren; wie viel weniger diese Kinder
bei Nacht.

Es drängte sie, eiligst davon zu laufen und zugleich fühlten sie sich festgebannt, um sich umzu-
sehen. Sie blieben stehen.

Sie betrachteten das Haus.

Es war schrecklich dunkel, schauerlich öde.

Mitten auf der einsamen Höhe stand es da, ein
dunkler Klotz, ein symmetrischer und doch häßlicher
Auswuchs, eine hohe, viereckige Granitmasse mit grad-
linigten Winkeln, gleich einem ungeheuren Altar, den
Mächten der Finsterniß geweiht.

Der erste Gedanke der Kinder war, zu fliehen;
der zweite, näher heranzutreten. Sie hatten noch

niemals jenes Haus um biese Stunbe gesehen. Es giebt eine Neugierbe ber Furcht. Es befanb sich ein kleiner Franzose unter ihnen; bieser Umstanb bewirkte, baß sie näher gingen.

Die Franzosen glauben bekanntlich an nichts. Ueberbies war man ja zu Dreien; getheilte Furcht giebt eine Art von Sicherheit.

Dann waren unsere kleinen Abenteurer ja auch Jäger unb als solche an Gefahren schon gewöhnt. Sie zählten alle brei zusammen kaum breißig Jahre. Es waren Kinder. Kinder aber wollen Alles wissen, Alles erforschen, jebem Ding auf den Grunb gehen. Unb unsere kleinen Helben waren aus uns bekannten Ursachen zu Untersuchungen gerabe heute ganz besonbers aufgelegt; sie hatten es, wie wir wissen, nicht besonbers eilig, bie Heimath zu erreichen. Sie steckten überall bie Köpfe hinein, kein Loch, keine Felsspalte blieb ununtersucht. Wer auf bie Jagb geht, folgt einer magischen Gewalt. Wer auf Entbeckungen ausgeht, wirb wie von einem unsichtbaren Räberwerk vorwärts getrieben. Wer ben ganzen Tag bie Nase in Vogelnester gesteckt hat, ben gelüstet es, sie auch

in der Nacht einmal in Gespensternester zu stecken.
Wen sollte es nicht reizen, in das Verborgene zu
schauen, der Hölle auf den Zahn zu fühlen?

Vom Sperling bis zum Kobold ist nur ein
Schritt. Und warum sollte unser muthiges kleines
Kleeblatt diesen Schritt nicht wagen? Jetzt war
ihnen einmal eine Gelegenheit geboten, sich mit
eigenen Augen von der Wahrheit aller der von den
großen Leuten ihnen erzählten grausigen Geschichten
zu überzeugen. Eben so klug zu sein, vielleicht gar
noch mehr zu wissen als die großen Leute, das war
Etwas, das ihren kleinen Ehrgeiz spornte. Jetzt
oder nie! war der Wahlspruch der kleinen Helden;
mit Todesverachtung schritten sie ihrem unheimlichen
Ziele zu.

Sie hatten aber auch in dem kleinen Franzosen
einen Führer, der wenn es galt, selbst den Teufel
nicht scheute. Er war ein muthiger kleiner Kalfater-
Lehrling, der zu den Wesen gehörte, welchen schon
als Kindern die Selbstständigkeit des Mannes inne-
wohnte. Er schlief des Nachts auf dem Zimmerplatz
oder auf dem Heuboden und erwarb seinen Lebens-

unterhalt. Er hatte eine starke Stimme und war ein kerniger gewandter Knabe, der mit derselben Leichtigkeit Bäume wie Felsen erkletterte. Er verdiente sich sein Brod dadurch, daß er bei Ausbesserungen von Fischerbarken behülflich war. Er war ein Kind der Liebe; der Würfel des Zufalls hatte ihn ausgespielt. Man wußte, daß er in Frankreich geboren war, doch kannte man weder seinen Geburtsort, noch seine Eltern. Er war eine lustige Waise. Er lebte so frei und so fröhlich wie der Vogel in der Luft, baute sich selber sein Nest; und sorgte auch selber für sein Futter. Eben so leicht wie er die Pfennige gewann, ließ er sie auch durch die Finger schlüpfen; wenn ihn ein Bettler um eine Gabe bat, gab er stets das Seinige hin, um ihm zu helfen. Er war ein wilder gutherziger Knabe mit röthlich blonden Haaren, der schon einmal mit Parisern gesprochen hatte. Er verdiente durch sein Handwerk täglich einen Schilling. Wenn ihm einmal die Lust ankam, Vogelnester auszunehmen, gab er sich selber Ferien. Das war der kleine Franzose.

Die Einsamkeit an diesem Orte hatte etwas von

Todestrauer, etwas Unnahbares. Der Anblick war
wild. Rings umher Abgrund; unten das Meer. Das
Meer war still, es regte sich kein Lüftchen; kein Blatt,
kein Grashalm rauschte; Todtenstille, Grabesruhe
überall. Die drei Knaben näherten sich, der kleine
Franzose voran, langsamen Schrittes dem Hause und
betrachteten es.

Einer jener Knaben fügte, als er später die
Abenteuer jener Nacht erzählte, hinzu: „Es sagte
nichts!"

Sie näherten sich mit verhaltenem Athem, wie
man einem wilden Thier entgegentritt. Sie hatten
die kleine Anhöhe erstiegen, welche sich dicht hinter
dem Hause befindet und sich gegen die Meerseite hin
zu einer kleinen, aus Felsen gebildeten Landzunge ab=
flacht, deren Erklimmen dem Wanderer große Schwie=
rigkeiten verursachen würde. Das kleine Plateau
war glücklich erstiegen; das Ziel ihrer Beobachtung
lag ihnen gerade gegenüber, allein es bot nur den
Anblick der Südseite mit den zugemauerten Fenstern.
Sie hatten nicht gewagt, sich nach links zu wenden,
wo sie die andere Front mit den beiden schrecklichen

Fenstern gesehen hätten. Indessen faßten sie Muth. Der Kalfater-Lehrjunge sagte leise zu ihnen: Wenden wir uns nach der Backbordseite; da wird's schön! Wir müssen die beiden schwarzen Fenster sehen!

Sie folgten ihm und langten auf der anderen Seite des Hauses an.

Die beiden Fenster waren erleuchtet.

Die Kinder flohen.

Als sie eine Weile gelaufen waren, blieb der kleine Franzose stehen und sah sich um.

Seht, sagte er, jetzt ist Alles wieder dunkel.

Es war so; die Fenster waren nicht mehr erleuchtet. Das unheimliche Gebäude setzte sich in scharfen Umrissen von dem dunkelblauen Grunde des Himmels ab.

Die Furcht wich nicht, aber die Neugierde kehrte zurück; die kleinen Vogelräuber näherten sich zum zweiten Mal dem Hause.

Plötzlich waren wie auf einen Schlag die beiden Fenster wieder erleuchtet.

Die beiden Guernesyer nahmen wiederum die Beine in die Hand und liefen davon; der kleine französische Satan ging zwar nicht vorwärts, wich aber auch nicht zurück. Mit unverwandtem Blick blieb er unbeweglich vor dem Hause stehen.

Das Licht verschwand, dann erglänzte es von Neuem. Es war schrecklich. Der Reflex warf einen unsicheren Feuerschein auf das vom Nachtthau schimmernde Gras. In gewissen Momenten zeichnete das Licht auf der innern Wand große schwarze Profile, die sich bewegten, und Schatten von unförmlichen Köpfen.

In dem Hause aber, welches weder eine Thür noch eine Decke, sondern weiter nichts als vier kahle Wände und ein Dach hatte, mußte der Lichtschein des einen Fensters auch das andere erleuchten.

Als die beiden flüchtig gewordenen Guerneseher den Franzosen ruhig stehen bleiben sahen, kehrten sie, Schritt vor Schritt, Einer nach dem Andern, zitternd und neugierig zurück. Der Kalfater = Lehrling sagte ganz leise zu ihnen: Es sind Gespenster in diesem Hause; ich habe die Nase des Einen gesehen. Als die Beiden das hörten, duckten sie sich hinter den Franzosen, stellten sich auf die Zehen und sahen über seine Schultern nach dem Hause hin. Hinter diesem Schilde fühlten sie sich sicher; zwischen ihnen und den Gespenstern stand der Franzose.

Das alte Gemäuer schien seinerseits auch sie zu beobachten. Es glotzte mit seinen beiden feurigen Augen in die Nacht hinein.

Das Licht verschwand, kam wieder, und verschwand von Neuem. Dieses plötzliche Auftauchen und Wiederverschwinden des Lichtscheines hatte etwas von Höllenspuk. Das geht hin und her, öffnet und schließt sich. Die Luftlöcher einer Gruft bringen dieselben Lichtwirkungen hervor, wie eine Blendlaterne.

Plötzlich tauchte an einem der Fenster eine dunkle Masse auf, welche einer menschlichen Gestalt glich; sie schwang sich auf eins der Fenster, als käme sie von außen, und verlor sich dann im Innern des Hauses. Es schien, als wäre Jemand eingetreten.

Die Gespenster kommen immer durch die Fenster.

Der Lichtschein wurde einen Augenblick stärker, darauf verlosch er ganz. Das Haus wurde wieder dunkel. Jetzt vernahmen die kleinen Lauscher ein Geräusch, welches Menschenstimmen sehr ähnlich war.

Es geht in der Regel so: wenn man sieht, hört man nicht, und wenn man hört, sieht man nicht.

Es herrscht in der Nacht auf dem Meere eine ganz eigenthümliche Stille. Während bei Tage das Geräusch der Wogen den Flügelschlag des Adlers übertönt, würde man in der Nacht bei Windesstille eine Mücke fliegen hören. Diese Stille gleicht der Ruhe des Grabes. Um so unheimlicher war das verworrene Geräusch, welches aus dem Hause drang.

— Sehen wir zu! — sagte der kleine Franzose.

Er ging dem Hause einen Schritt näher.

Die Andern folgten ihm nach, denn eine große Furcht hatte sich ihrer bemächtigt und schnitt ihnen den Rückzug ab; sie wagten es jetzt nicht mehr, ohne ihren Kameraden zu fliehen.

Als sie an einem großen Haufen Reiser vorüber- kamen, welcher merkwürdiger Weise ihre Furcht ein wenig minderte, raschelte es in einem benachbarten Busch, und eine große Eule flog heraus. Der Flug der Nachteulen ist schräg und hat etwas Unruhiges, wie der Blick eines schielenden Menschen. Als der Vogel ganz dicht an den Kindern vorbeirauschte und sie mit seinen runden Augen anglotzte, zitterten sie wie Espenlaub. Der kleine Franzose aber redete besorgt den Vogel an:

— Spätzchen, Du kommst zu spät. Jetzt hab' ich keine Zeit. Ich will sehen!

Er ging weiter vor.

Man konnte, troß dem Krachen, welches seine groben, mit großen Nägeln beschlagenen Schuhe auf dem Stechginster verursachte, deutlich die Stimmen im Innern des Hauses vernehmen, die sich in einem ruhig geführten Gespräch bald hoben, bald senkten.

Der kleine Franzose sagte:

— Nur dumme Leute glauben an Gespenster!

Frechheit in der Gefahr wirkt ermuthigend auf die Furchtsamen und treibt sie vorwärts. Die beiden Jungen aus Torteval folgten Schritt für Schritt den Fußtapfen des Kalfater-Lehrlings.

Je näher sie kamen, desto größer schien ihnen das Haus zu werden. In dieser optischen Täuschung, welche ihnen ihre Furcht vorspiegelte, lag etwas Wahres. Das Haus wurde in Wirklichkeit größer, weil sie sich ihm näherten.

Die Stimmen, welche aus demselben kamen,
wurden jetzt immer deutlicher. Die Kinder hörten
zu. Auch das Ohr hat seine Größentäuschungen.
Das war kein Gemurmel; es war mehr als ein Ge=
flüster und weniger als Lärm. Von Zeit zu Zeit
tönten ein oder zwei deutlich vernehmbare Worte zu
ihnen hinüber. Diese Worte waren ihnen unverständ=
lich und klangen ganz sonderbar. Die Kinder standen
still und lauschten; dann schritten sie wieder vorwärts.

— Hört Ihr? Die Gespenster sprechen mit
einander, — sagte der Franzose; ich aber glaube
nicht an Gespenster.

Die beiden Kleinen von Torteval hätten sich gern
hinter dem Reiserhaufen versteckt, sie waren aber
schon zu weit von ihm entfernt, und ihr Freund, der
Franzose, ging immer muthig vorwärts. Sie fürch=
teten sich, bei ihm zu bleiben, und wagten nicht, ihn
zu verlassen; sie folgten ihm Schritt vor Schritt in
athemloser Spannung.

Der Kalfater=Lehrling drehte sich nun um und sagte:

— Ihr wißt, daß dies Alles nicht wahr ist. Es
giebt keine!

Das Haus wurde immer größer, immer höher, je näher sie ihm kamen; die Stimmen wurden immer deutlicher.

Jetzt waren sie ihm ziemlich nahe.

Sie bemerkten nun das Licht im Innern; doch war es wie gedämpft, es war ein richtiges Gespen=sterlicht.

Als sie ganz nahe am Hause waren, machten sie Halt.

Einer der beiden Knaben aus Torteval faßte den Muth zu bemerken:

— Es sind keine Gespenster, es sind weiße Damen.

— Was ist das, was hier am Fenster herunter=hängt? fragte der Andere.

— Es sieht aus wie ein Strick.

— Es ist eine Schlange.

— Nein, es ist der Strick eines Erhängten — sagte mit sehr bestimmtem Ton der kleine Franzose; solche Dinge gebrauchen die Gespenster; aber ich glaube nicht an Gespenster.

Und mit drei Schritten, die man eher Sprünge

17*

nennen konnte, war er am Fuß des alten Gemäuers. Es lag etwas Fieberhaftes in dieser Kühnheit.

Die beiden Andern waren ihm bebend nachge=
schlichen und hielten sich dicht an seine Seite, der
Eine rechts, der Andere links. Sie hielten nun die
Ohren an die Mauer und hörten folgendes Gespräch,
das die Gespenster im Hause führten:

— Asi, entendido esta?

— Es ist also abgemacht?

— Entendido.

— Dicho?

— Dicho.

— Aqui esperara un hombre, y podra marcharse en Inglaterra con Blasquito?

— Pagando.

— Pagando.

— Blasquito tomara al hombre en su barca.

— Sin buscar para conocer a su pais?

— No nos toca.

— Ni a su nombre del hombre?

— Abgemacht.

— Es ist gesagt?

— Gesagt.

— Ein Mann wird hier warten, und würde mit Blasquito nach England gehen können?

— Für Geld und gute Worte.

— Für Geld und gute Worte.

— Blasquito wird den Mann in seine Barke aufnehmen.

— Ohne nachzufragen, aus welchem Lande er ist?

— Das geht uns nichts an.

— Ohne ihn zu fragen, wer er ist?

— No se pide el nombre, pero se pesa la bolsa.

— Bien. Esperara el hombre en esa casa.

— Tenga que comer.

— Tendra.

— Onde?

— En este saco que he llevado.

— Muy bien.

— Puedo dexar el saco aqui?

— Los contrabandistas no son ladrones.

— Y vosotros, quando marchais?

— Man fragt nicht nach dem Namen, man wiegt die Börse.

— Gut. Der Mann wird in diesem Hause warten.

— Er muß mit Lebensmitteln versehen werden.

— Er soll sie haben.

— Wo?

— In dem Sack, den ich mitbringe.

— Sehr gut.

— Kann ich den Sack hier lassen?

— Die Schmuggler sind keine Spitzbuben.

— Und wann werdet Ihr reisen?

— Manana por la manana. Si su hombre de usted esta parado, podria venir con nosotros.

— Parado no esta.

— Hacienda suya.

— Cuantos dias esperara alli?

— Dos, tres, quatro dias. Menos o mas.

— Es cierto que el Blasquito vendra?

— Cierto.

— En este Plainmont?

— En este Plainmont.

— Morgen früh. Wenn Euer Mann bereit
wäre, könnte er mit uns reisen.

— Er ist nicht bereit.

— Desto schlimmer für ihn.

— Wie lange wird er hier warten müssen?

— Zwei, drei, vier Tage. Etwas weniger,
etwas mehr.

— Ist es ganz sicher, daß Blasquito kommt?

— Ganz sicher.

— Hierher? Nach Plainmont?

— Hierher nach Plainmont.

— A qual semana?

— La que viene.

— A qual dia?

— Viernes, o sabado, o domingo.

— No puede faltar?

— Es mi tocayo.

— Por qualquiera tiempo viene?

— Qualquiera. No tieme. Soy el Blasco,
es el Blasquito.

— Asi, no puede faltar de venir en Guernesey?

— In welcher Woche?

— In der nächsten.

— An welchem Tag?

— Freitag, Sonnabend oder Sonntag.

— Er kommt also unter allen Umständen?

— Er ist ja mein Namensvetter.

— Er kommt bei jedem Wetter?

— Bei jedem Wetter. Er hat keine Furcht. Ich bin Blasin, er ist Blasquito.

— Er wird also jedenfalls nach Guernesey kommen?

— Vengo a un mes, y viene al otro mes.

— Entiendo.

— A cuentar del otro sabado, desdehoy en vocho, no se pasaran cino dias sin que venga el Blasquito.

— Pero un muy malo mar?

— Egurraldia gaïzta?

— Si.

— No vendria el Blasquito tan pronto, pero vendria.

— Donde vendra?

— Einen Monat komme ich, den andern kommt er.

— Ich verstehe.

— Heute über acht Tage ist Sonnabend; von da an werden keine fünf Tage vergehen, ohne daß Blasquito kommt.

— Doch wenn das Meer hartnäckig ist?

— Egurraldia gaĩztoa?*)

— Ja.

— Dann wird Blasquito nicht so schnell kommen, doch kommen wird er.

— Von wo kommt er?

— Del Vilvao.

— Onde ira?

— En Portland.

— Bien.

— O en Tor Bay.

— Mejor.

— Su humbre de usted puede estarse quieto.

— No traidor sera, el Blasquito?

— Los cobardes son traidores. Somos valien-

---

*) Baskisch: Schlechtes Wetter.

tes. El mar es la iglesia del invierno. La traicion es la iglesia del infierno.

— Von Bilbao.

— Wohin geht er?

— Nach Portland.

— Das ist gut.

— Oder nach Tor Bay.

— Das ist noch besser.

— Euer Mann kann ganz ruhig sein.

— Blasquito wird nichts verrathen?

— Feige sind Verräther. Wir sind tapfer. Das Meer ist die Kirche des Winters. Der Verrath ist die Kirche der Hölle.

— No se entiende a lo que dicemos?

— Escuchar a nosotros y mirar a nosotros es imposible. La espanta hace alli el desierto.

— Lo sè.

— Ouien se atravesaria a escuchar?

— Es verdad.

— Y escucharian que no entiendrian. Hablamos a una lengua fiera y nuestra que no se conoce. Despues que la sabeis, ereis con nosotros.

— Soy venido para componer las haciendas con ustedes.

— Hört Niemand, was wir sprechen?

— Es ist unmöglich, uns zu hören oder uns zu sehen. Der Schrecken macht diesen Ort zur Wüste.

— Ich weiß es.

— Wer also sollte es wagen, uns zu belauschen?

— Das ist wahr.

— Und wenn uns wirklich Jemand belauschte, so würde er nicht verstehen können, was wir sprechen. Wir sprechen eine wilde Sprache, die nur wir verstehen. Weil Ihr sie auch versteht, gehört Ihr zu uns.

— Ich bin gekommen, um mit Euch meine Anordnungen zu treffen.

— Bueno.

— Y ahora me voy.

— Mucho.

— Digame usted, hombre. Si el pasagero quiere que el Blasquito le Lleve en ninguna otra parte que Portland o Tor Bay?

— Tenga onces.

— „El Blasquito hara lo que querra el hombre?

— El Blasquito hace lo que quieren las onces. ·

— Es menester mucho tiempo para ir en Tor Bay?

— Das ist gut.

— Jetzt gehe ich.

— Meinetwegen.

— Sagt mir, ob der Passagier will, daß Blas= quito ihn anderswohin als nach Portland oder nach Tor Bay bringt?

— Das hängt davon ab, ob er Quadrouples*) bekommt.

— Wird Blasquito thun, was der Mann haben will?

— Blasquito wird thun, was die Quadrouples haben wollen.

— Braucht man lange Zeit, um nach Tor Bay zu gelangen?

— Como quiere el viento.

---

*) Eine spanische Münze.

— Ocho horas?

— Menos, o mas.

— El Blasquito obedeiera al pasagero?

— Si. le obedeie el mar a el Blasquito.

— Bien pagado sera.

— El oro es el oro. El viento es el viento.

— Mucho.

— El hombre hace lo que puede con el oro.
Dios con el viento hace lo que quiere.

— Wie es dem Winde gefällt.

— Acht Stunden?

— Weniger oder mehr.

— Wird Blasquito seinem Passagier gehorchen?

— Wenn das Meer dem Blasquito gehorcht.

— Er soll gut bezahlt werden.

— Gold ist Gold. Wind ist Wind.

— Das ist richtig.

— Der Mensch macht mit dem Geld, was er
kann. Gott macht mit dem Wind, was er will.

— Aqui sera viernes el que desea marcharse
con Blasquito.

— Pues.

— A qual momento llega Blasquito?

— A la noche. A la noche se llega, a la noche se marcha. Tememos una muger quien se llama el mar, y una hermana quien se llama la noche. La muger puede faltar, la hermana no.

— Todo dicho esta. Abour, hombres.

— Buenas tardes. Un golpe de aquardiente?

— Gracias.

— Der Mann, der mit Blasquito zu reisen wünscht, wird am Freitag hier sein.

— Gut.

— Um welche Zeit kommt Blasquito an?

— In der Nacht. Man kommt hier in der Nacht an, man reist in der Nacht ab. Unsere Frau heißt das Meer, unsere Schwester die Nacht. Die Frau täuscht zuweilen, die Schwester niemals.

— Gute Nacht. Wollt Ihr nicht einen Schluck Branntwein?

— Ich danke.

— Es mejor que xarope.

— Tengo vuestra palabra.

— Mi nombre es Pundonor.

— Sea usted con Dios.

— Ereis gentleman y soy caballero.

— Er ist beſſer als Syrup.

— Ich habe Euer Wort.

— Mein Name iſt ſo gut wie ein Ehrenwort.

— Lebt wohl.

— Ihr ſeid ein Gentleman, ich bin ein Cavalier.

Es war klar, daß nur Teufel ſo ſprechen konn=
ten. Die Kinder hörten nicht weiter zu und liefen
dieſes Mal allen Ernſtes davon. Der kleine Fran=
zoſe hatte ſich endlich überzeugt, daß es wirkliche
Geſpenſter waren, und er lief nun ſchneller als die
Andern.

An dem Dienſtag, welcher auf dieſen Sonnabend
folgte, kam Sieur Clubin mit der Durande wieder,
wie gewöhnlich, nach St. Malo.

Der Dreimaſter Tamaulipas lag noch immer
auf der Rhede.

Sieur Clubin fragte, in Dampfwolken gehüllt,
den Wirth des Gaſthauſes am Hafen:

— Nun, wann wird der Taumalipas in See
gehen?

— Uebermorgen, am Donnerstag, antwortete der
Wirth.

An jenem Abend speiste Sieur Clubin an dem
Tische der Küstenwächter zu Nacht und entfernte sich
gegen seine Gewohnheit nach dem Nachtessen. Er
versäumte es deshalb, auf das Bureau der Durande
zu gehen. Die Ladung der Durande schien diesmal
für den Capitain Nebensache zu sein; denn er traf
fast gar keine Vorbereitungen. Das war bei einem
sonst so pünktlichen Mann wie Sieur Clubin ein merkwürdiger Fall.

Er unterhielt sich einige Augenblicke mit seinem
Freunde, dem Wechsler.

Zwei Stunden, nachdem auf der Roguette die
Abendglocke geläutet wurde, kam er wieder. Die bra-
silianische Glocke läutet immer um zehn Uhr. Es war
also Mitternacht.

Sechstes Capitel.

Die Herberge der Elenden.

Vor vierzig Jahren befand sich in St. Malo eine kleine Gasse, die man Coutanchez-Gäßchen nannte; dies Gäßchen existirt nicht mehr; es fiel als ein Opfer der Verschönerungen. Dieses Gäßchen bestand aus zwei Reihen hölzener Häuser, die so dicht an einander gedrängt waren, daß zwischen den Gebäuden nur ein schmaler Raum für einen kleinen Bach blieb, welche man die Straße nannte. Wer durch diese Straße ging und nicht in das Wasser treten wollte, mußte sich sehr in Acht nehmen, daß er sich nicht rechts und links an den eckigen Vorsprüngen der alten Baraken Kopf, Schulter und Ellenbogen zerstieß. Diese alten Baraken aus dem normännischen Mittelalter

haben faſt menſchliche Phyſiognomien; der Gedanke
an Hexen liegt ſehr nahe. Ihre eingezogenen Stock=
werke, ihre Ueberhänge, ihre ſcharfkantigen Schirm=
dächer und Eiſengitter ſehen faſt aus wie Lippen,
Kinn, Naſe und Augenbrauen; die Dachlucke ſtellt ihr
eines Auge vor; die Wände ſind die warzenbeſäeten
runzligen Wangen. Dieſe garſtigen alten Hexenfratzen
ſtecken ihre Naſen ſo dicht zuſammen, als wollten ſie
ſich zu einem ſchlimmen Streich verſchwören. Die
veralteten Worte: Halsabſchneider, Kehlabſchneider,
Gurgelabſchneider erinnern an dieſe Architectur.

Das größte, berühmteſte oder berüchtigteſte unter
den Häuſern des Coutanchez=Gäßchen war die ſoge=
nannte Jalreſſarde.

Die Jacreſſarde war das Obbach der Obbach=
loſen. In allen Städten und ganz beſonders in
Hafenſtädten, giebt es Menſchen, welche zu der ſoge=
nannten Hefe des Volkes gehören. Es ſind dies
Tagediebe, Spitzbuben, Gauner, Landſtreicher, Abend=
teurer, Diener des Laſters, Arbeiter und Arbeiterinnen
des Böſen, Schelme und Schelminnen mit zerriſſenen
Kleidern und zerſetzten Gewiſſen.. Hier findet man

die zum tiefſten Elend herabgeſunkene Liederlichkeit, den leichtſinnigen Verſchwender am Bettelſtab, die ſchlecht belohnte Nichtswürdigkeit, die im Zweikampf mit der Geſellſchaft Beſiegten, frühere Schlemmer, die jetzt am Hungertuche nagen, die Elenden in dem be= klagenswerthen Doppelſinne des Wortes. Das ſind die Bewohner dieſer Herberge. Die menſchliche Ver= nunft iſt dort beſtialiſch. Es iſt der Kehrichthaufen der Seelen. Dieſer Kehricht ſammelt ſich in einem Winkel an, der von Zeit zu Zeit durch den Beſen der Polizei geſäubert wird. Der Schmutzwinkel von St. Malo war die Jacreſſarbe.

Man konnte die Jacreſſarbe eher einen Hof als ein Haus, eher einen Brunnen als einen Hof nennen, denn ein ſolcher nahm den größten Raum desſelben ein. Die Jacreſſarbe hatte keine Straßenſeite; eine leere nackte Wand, von einer Thür durchbrochen, war ihre Façade.

Man drückte auf die Thürklinke, öffnete und befand ſich im Hofraum.

In der Mitte desſelben befand ſich ein großes

18*

rundes Loch von Pflastersteinen eingerahmt; das war der Brunnen.

Die Straßenseite war wie gesagt nur eine hohe Mauer; alle Wohnungsräumlichkeiten dieses merkwürdigen Gebäudes befanden sich im Hofe.

Wer bei Nacht auf seine eigene Gefahr dies Haus betrat, vernahm zunächst ein von vielen Athemzügen verursachtes Geräusch. Wenn Mond und Sterne Licht genug gewährten, um die dunkeln Umrisse, die man erblickte, einigermaßen genauer zu erkennen, bot folgender Anblick sich dar:

Der Hof, der Brunnen, der Thür gegenüber eine Art Schoppen, wenn man eine offene wurmstichige Gallerie, deren aus halb verfaulten Balken bestehende Decke von unregelmäßig auseinander stehenden steinernen Pfeilern gestützt wurde, so nennen konnte. In der Mitte der Brunnen; um den Brunnen herum auf einer Streu von Stroh, in Form eines Rosenkranzes, ein Kreis von Schuhsohlen, von heruntergetretenen Stiefeln, zerrissenes Fußzeug, aus dem vorne die Zehen heraussehen, nackte Männer-, Frauen- und Kinderfüße.

Alle diese Füße schliesen. Jenseits dieser Füße
entdeckt das Auge, sobald es sich erst ein wenig an
das Halbdunkel dieser Gallerie gewöhnt hat, die zu
denselben gehörenden menschlichen Formen: schlafende
Gesichter, langhingestreckte träge Leiber, Lumpenpack
beiderlei Geschlechts, das wüste Durcheinander eines
Kehrichthaufens, der durch irgend einen ungeschickten
Zufall als ein menschliches Lager benutzt wird. Diese
elende Schlafstelle stand Jedermann für den Mieths=
zins von zwei Sous die Woche offen. Die Füße
der Schläfer stießen an den Brunnen. In Gewitter=
nächten strömte der Regen, im Winter fiel der Schnee
auf die Körper der dort Gelagerten.

Und wer sind diese elenden Geschöpfe?

Unbekannte. Der Abend führt sie her, der an=
brechende Tag führt sie wieder fort. Die menschliche
Gesellschaft ist reich an solchen Wesen. Einige von
ihnen schlichen sich am Morgen fort, ohne zu bezahlen.

Die Meisten hatten den Tag über nichts geges=
sen. Hier schläft das Laster, die Verworfenheit, die
Ansteckung, das Elend denselben Schlummer der
Ermattung auf demselben Bett von Schmutz. Die

Träume dieser Elenden halten gute Nachbarschaft; sie
geben sich an diesem Ort ein grauenvolles Stelldich=
ein. Da liegen sie in friedlicher Eintracht neben ein=
ander gebettet, die Müden, die Hinfälligen, die Be=
rauschten, die Ausschweifenden, die armen Nothlei=
denden, die ohne ein Stück Brod und ohne einen
guten Gedanken ihren Tag verbracht. Wie viel Be=
gierden und Gewissensbisse schlummern hinter den er=
matteten feuchten Augenlidern dieser Hingestreckten; ihr
Haar vermischte sich mit dem Kehricht. Die menschliche
Fäulniß gährt in diesem Bottich. Das Verhängniß,
eine Reise, der Zufall, die Nacht hat sie alle auf die=
sen Fleck zusammengeweht. Das Schicksal leerte hier
die mit Abfall und Kehricht gefüllte Bütte aus. Wer
da wollte, kam; wer da konnte, schlief; wer es wagte,
sprach. Es war ein Ort des Flüsterns. Man war
bemüht, sich und sein Geschick im Schlafe zu ver=
gessen, da man sich nicht verlieren konnte. Was man
vom Tode zu nehmen vermochte, das nahm man.
Sie schlossen die Augen, um sich in die jeden Abend
von Neuem beginnende Agonie zu versenken. Wo=
her kamen sie? Aus der Gesellschaft, deren Elend,

von der Woge hergetrieben, deren Abschaum sie
waren.

Nicht Jeder, der Stroh suchte, fand es. Mehr
als ein Nackter streckt sich auf dem Steinpflaster. Zu-
sammengekauert legten sie sich nieder; gelähmt standen sie auf.

Der Brunnen ohne Brustwehr und Verschluß,
stets offen, war dreißig Fuß tief. Der Regen fiel
hinein, die Unreinigkeiten sickerten durch; alle Abflüsse
vom Hofe drangen ein. Der Schöpfeimer für das
Wasser stand daneben. Wer Durst hatte, trank. Wer
das Leben satt hatte, ertränkte sich darin. Von dem
Schlaf auf dem Kehrichthaufen schlüpfte man in den
ewigen Schlaf. Im Jahre 1819 zog man ein vier-
zehnjähriges Kind aus dem Brunnen.

Um in diesem Hause nicht Gefahr zu laufen,
mußte man „vom Bau" sein. Die Laien wurden mit
scheelem Auge angesehen.

Kannten diese Elenden einander? Nein; sie wit-
terten sich.

Eine junge, ziemlich hübsche Frau war die Wirthin der Herberge. Sie hatte ein hölzernes Bein,

trug eine Haube mit Bändern, und wusch sich zuwei=
len mit dem Wasser des Brunnens.

Wenn der Tag anbrach, wurde der Hof leer; die
Stamm=Gäste machten sich davon.

Es befanden sich auch ein Hahn und Hühner in
diesem Hofe, die den ganzen Tag im Kehricht kratz=
ten. Auf einem quer über einigen Pfählen liegenden
Balken, der den Anblick eines Galgens bot, (ein an
diesem Ort nicht übel angebrachtes Bild) trocknete zu=
weilen die junge Frau mit dem hölzernen Bein ein
vom Regen durchnäßtes und von Straßenkoth be=
schmutztes seidenes Kleid.

Ueber dem Schoppen, und wie dieser selbst, den
Hof umschließend, befand sich ein Stockwerk, und über
diesem ein Speicher. Eine wurmstichige hölzerne Treppe
führte in dieses obere Stockwerk; und von dort aus
führte eine Leiter auf den Speicher. Diese wackelige
Leiter ward sehr oft, und in sehr geräuschvoller Weise
von der hinkenden Frau mit dem hölzernen Bein er=
stiegen.

Die wechselnden, für eine Woche oder nur für

eine Nacht zahlenden Miether wohnten im Hofe, die festen Miether im Hause.

Die Fenster waren ohne Rahmen; Gesimse ohne Thüren, Rauchfänge ohne Heerd. Ein Zimmer war mit dem andern nur durch ein länglich viereckiges Loch, das einst eine Thür gewesen war, verbunden. Der Mörtel war von den Wänden gefallen und bedeckte den Boden. Man wußte nicht, wie das Haus noch zusammenhielt. Bei jedem Windstoß zitterte es. Den durch langjährigen Gebrauch glatt gewordenen Treppenstufen konnte man sich nicht ohne Gefahr anvertrauen. Der Winter drang in das alte Gemäuer, wie das Wasser in einen Schwamm. Die Fülle von Spinnen sicherte gegen einen plötzlichen Einsturz. Zwei oder drei mit Löchern reich versehene Strohsäcke, aus welchem mehr Asche als Stroh hervorsah, füllten die Winkel der Stuben aus; sonst befanden sich außer einigen Krügen und Schüsseln, die zu verschiedenen Zwecken dienten, gar keine Geräthschaften darin. Es herrschte ein süßlicher, widerwärtiger Geruch.

Von den Fenstern hatte man die Aussicht auf den Hof. Diese Aussicht glich der auf einen Karren voll Unrath. Die Dinge, um nicht zu sagen die Menschen, welche sich daselbst im Schlamme wälzten, welche dort verfaulten und verschimmelten, sind nicht zu beschreiben. Alle Ueberreste hielten dort gute Kamerabschaft; der Boden war wie besäet von Fetzen und Abfällen aller Art.

Aus der wechselnden Einquartirung im Hofe beherbergte die Jacressarde drei feste Miether: einen Kohlenbrenner, einen Lumpensammler, und einen Goldmacher. Der Kohlenbrenner und der Lumpensammler hatten zwei Strohsäcke im ersten Stocke inne; der Goldmacher, ein Chemiker, wohnte auf dem Boden, der auch man weiß nicht, warum — die Dachstube genannt wurde. In welchem Winkel die Frau schlief, wußte man nicht. Der Goldmacher war ein wenig Dichter. Er bewohnte im Dachstuhl, unter den Ziegeln, eine Kammer, welche eine schmale Dachluke und einen großen steinernen Kamin hatte, durch den der Wind heulte; die Luke war in Ermangelung von Fensterscheiben mit einem alten Stück Eisenblech nothdürftig zugenagelt, welches dem Tageslicht, aber nicht der Kälte den Eingang verwehrte. Der Kohlenbren-

ner zahlte von Zeit zu Zeit mit einem Sack voll
Kohlen. Der Lumpensammler wöchentlich ein Mäß=
chen Getreide für die Hühner; der Goldmacher zahlte
gar nicht. Statt dessen steckte er das Haus in Brand.
Er hatte das wenige vorhandene Holz unter seinem
Schmelztiegel verbrannt; jetzt zog er schon die Latten
aus der Mauer, um seinen Goldtopf damit zu hei=
zen. Ueber dem Lager des Lumpensammlers sah man
zwei Reihen mit Kreide geschriebener Ziffern: eine
Reihe mit 3, die andere mit 5 bezeichnet. Der Lum=
pensammler vergrößerte dieselben in jeder Woche durch
Hinzufügung einer neuen 3 oder neuen 5, je nach=
dem das Maß Getreide, welches er für seiner Wir=
thin Hühner erstanden, drei Liards oder fünf Centi=
mes kostete. Der Schmelztopf des „Chemikers" war
eine alte zerplatzte Bombe, die er zum Tiegel promo=
virt hatte, in welchem er seine Ingredienzien ver=
mischte. Die Umwandlung derselben in Gold nahm ihn
ganz in Anspruch. Bisweilen sprach er davon mit
den Nacktfüßen im Hofe, die ihn auslachten. Er sagte
dann: „Diese Leute sind voller Vorurtheile."
Er war entschlossen, nicht eher zu sterben, als bis es

ihm gelungen wäre, der Wissenschaft mit dem Stein der Weisen die Fenster einzuwerfen. Sein Ofen fraß viel Holz. Das Treppengeländer war bereits in ihm verschwunden. Das ganze Haus ging nach und nach in Feuer auf. Die Wirthin sagte ihm: „Ihr werdet mir nur noch das Gehäuse lassen!"

Er entwaffnete sie durch einige Verse.

Das war die Jacressarbe. .

Ein gnomenartiges, mit einem Kropf behaftetes, und einen Besen in der Hand haltendes Geschöpf, welches eben so wohl ein zwölfjähriger Knabe als ein sechszigjähriger Greis sein konnte, war Hausknecht in dieser Herberge.

Die Stammgäste traten durch die Hofthür in das Haus ein, das Publikum durch den Laden. Was war das für ein Laden? Die hohe Mauer, welche die Straßenfaçade vorstellte, war von einem winkeligen Loch durchbrochen, das zugleich als Thür und als Fenster diente, dieses einzige mit einem wirklich festen Verschluß, mit Rahmen, Scheiben, Riegeln und Angeln versehene Fenster, hatte sogar auch Läden, dieses merkwürdige Thür=Fenster führte in eine

Art von Bretterverſchlag, welcher dicht an den Hof=
raum grenzte und durch eine Hinterthür mit demſel=
ben in Verbindung ſtand. Das war der Laden. Auf
der Thür deſſelben war die mit Kohle gezeichnete In=
ſchrift zu leſen: „Raritäten=Cabinet." Die Ra=
ritäten wurden den Beſuchern des Cabinetes auf drei
zum Geſtell arrangirten und mit Glasſcheiben ver=
ſchloſſenen Brettern zur Schau geſtellt. Dieſer koſt=
bare Raritätenkaſten enthielt einige Porzellantöpfe ohne
Henkel, einen chineſiſchen Sonnenſchirm, den goldene
Figuren und viele Löcher zierten, und welchen Nie=
mand weder aufſpannen noch ſchließen konnte; einige
unförmliche Sand= und Eiſenſteine, verſchiedene ein=
gedrückte Männer= und Frauenhüte, zwei oder drei
Muſcheln, mehrere ſonderbar geformte alte Horn=
knöpfe, eine Schnupftabaksdoſe mit dem Bildniß der
unglücklichen Marie Antoinette, und einen einzelnen Band
eines umfangreichen Werkes über Algebra von Bois=
bertrand. Dieſe reichhaltige Sammlung der verſchie=
·denſten Seltenheiten barg der Raritätenkaſten in ſei=
nen gläſernen Wänden. Der Laden ſtand durch eine

Hinterthür mit den inneren Räumen des Hofes in Verbindung. Es stand in demselben ein Tisch und ein Schemel. Die Frau mit dem hölzernen Bein hatte die Aufsicht daselbst und leitete das Geschäft.

Siebentes Capitel.

Ein nächtlicher Besuch im Raritäten-Cabinet.

Clubin war am Dienstag den ganzen Abend nicht in das Wirthshaus gekommen. Er kam auch am Mittwoch nicht.

An diesem Abend, um die Zeit der Dämmerung begaben sich zwei Männer in das Coutanchez-Gäßchen; sie blieben vor der Jacressarde stehen. Der Eine von ihnen klopfte an das Fenster. Die Thür wurde geöffnet; sie traten ein. Ein Licht stand auf dem Tisch. Die Frau mit dem hölzernen Bein empfing sie mit einem Lächeln, dessen sich nur Standespersonen, das heißt Bürger von St. Malo zu erfreuen hatten.

Diese beiden Männer waren in der That Bürger.

Derjenige, welcher geklopft hatte, sagte:

— Guten Abend, Frau Wirthin; ich komme wegen der bewußten Sache.

Die Frau mit dem hölzernen Bein lächelte von Neuem und entfernte sich darauf durch die in den Hof führende Hinterthür.

Es währte nicht lange, so öffnete sich diese Thür wieder und ein Mann trat in den Laden, welcher unter seiner Blouse etwas zu verbergen schien; seine Haare und Kleider waren ganz besät von Strohhalmen; sein Blick hatte etwas Starres, wie der eines Menschen, welcher aus dem Schlaf geweckt worden ist.

Er trat näher. Man betrachtete sich gegenseitig. Der Mann mit der Blouse sah etwas bestürzt aus. Er sagte:

— Seid Ihr der Waffenschmied?

Der Gefragte antwortete: Ja. Seid Ihr der Pariser?

— Genannt „Rothhaut". Ja.

— Zeigt her.

— Hier.

Der Mann zog unter seiner Blouse eine Waffe

hervor, welche zu seiner Zeit in Europa noch äußerst selten war, nämlich einen Revolver.

Der Revolver war neu und glänzte. Die beiden Herren untersuchten ihn. Derjenige, welcher das Haus zu kennen schien und den der Pariser als den Waffenschmied bezeichnet hatte, ließ den Mechanismus spielen. Dann reichte er das Ding seinem Begleiter, der fremd an diesem Orte zu sein schien und sich immer mit dem Rücken gegen das Licht hielt.

Der Waffenschmied fragte: Wie viel?

Der Mann in der Blouse antwortete: Ich komme damit aus Amerika. Andere schleppen Affen, Papageien, wilde Bestien mit nach Frankreich, als ob die Franzosen Wilde wären. Ich führe dies ein. Es ist eine nützliche Erfindung.

— Wie viel? wiederholte der Waffenschmied.

— Es ist eine Pistole mit einem Drehapparat —

— Wie viel?

— Paff! ein erster Schuß — Paff! ein zweiter — ein dritter — Paff! ein ganzer Hagel! Das macht Arbeit!

— Wie viel?

— Er hat sechs Läufe.

— Nun ja! Also wie viel?

— Sechs Läufe, macht sechs Louis.

— Wollt Ihr fünf Louis?

— Unmöglich. Jede Kugel einen Louis, das ist der Preis.

— Wollen wir ein Geschäft machen? · Laßt uns vernünftig reden.

— Ich habe Ihnen den rechten Preis gesagt Sehen Sie sich das Ding nur an, Herr Büchsenschmied.

— Ich habe es untersucht.

—· Die Schraube dreht sich wie Talleyrand. Das ist eine Schraube, so beweglich wie eine Wetterfahne. Ein wahres Juwel!

— Ich hab's gesehen.

— Die Läufe sind spanisches Fabrikat.

— Ich hab's bemerkt.

— Es ist damascirt. Sehen Sie nur, wie das gearbeitet ist.

— Ich sehe es wohl.

— Das ist eine große Seltenheit, mein Herr.

— Seid Ihr denn auch vom Handwerk?

— Ich bin von allen Handwerken.

— Sagen wir also: fünf Louis. Seid Ihr's
zufrieden?

— Ich erlaube mir die Bemerkung, daß ich die
Ehre hatte zu sagen, sechs Louis.

Der Waffenschmied sagte in gedämpftem Ton zu
dem Blousenmann:

— Hört, Pariser, laßt Euch die gute Gelegen-
heit nicht entgehen. Schlagt das Ding los. Für
Leute wie Ihr seid, ist so eine Waffe ja doch nichts.
So ein Ding lenkt blos die Aufmerksamkeit auf Euch.

— Ihr mögt Recht haben, sagte der Pariser.
Für einen soliden Bürger paßt's besser.

— Wollt Ihr fünf Louis?

— Nein, sechs. Einen Louis jeder Lauf.

— Gut also, sechs Napoleons.

— Ich fordre sechs Louis.

— So seid Ihr also kein Bonapartist? Ihr
zieht einen Louis einem Napoleon vor?

Der Pariser, genannt Rothhaut, lächelte.

— Napoleon ist mehr, sagte er, doch Louis gilt mehr.

19*

— Sechs Napoleons.

— Sechs Louis. Das macht für mich einen Unterschied von 24 Francs.

— Dann wird nichts aus unserem Geschäft.

— Wie Ihr wollt. Dann behalte ich meine Waffe.

— Behaltet sie.

— Ich, mich handeln lassen? Donnerwetter! Man soll mir nicht nachsagen, daß ich eine solche Erfindung um ein Butterbrot losgeschlagen habe!

— Dann, gute Nacht.

— Das ist ein Fortschritt über die Pistole hinaus, die die Indianer Nortah=u=Hah nennen.

— Fünf Louis baar ist Geld —

— Nortah=u=Hah heißt soviel wie kurze Flinte. Die Wenigsten wissen das.

— Wollt Ihr fünf Louis und ein Thälerchen Trinkgeld?

— Herr, ich habe gesagt: sechs.

Der Mann, welcher bisher dem Licht den Rücken gekehrt und der sich während dieses Gesprächs, ohne ein Wort zu reden, mit der Untersuchung des Mechanis=

mus beschäftigt hatte, trat nun an den Waffenschmied
heran und flüsterte ihm leise in's Ohr:

— Ist das Ding gut?

— Vortrefflich.

— Dann gebe ich die sechs Louis.

Fünf Minuten später, nachdem der Pariser das
Gold eingestrichen und in einer geheimen Tasche unter
der Achselhöhle seiner Blouse verborgen, und der
Käufer des Revolvers diesen in die Tasche seines
Beinkleides gesteckt hatte, entfernte sich der Letztere
mit seinem Begleiter durch das Gäßchen.

Achtes Capitel.

Ein tragisches Ereigniß.

Am nächsten Tag — es war am Donnerstag — geschah nahe bei St. Malo, bei dem Vorsprung von Decollé, an einer Stelle, wo das Gestade steil und das Meer tief ist, etwas sehr Tragisches.

Der Gipfel des Decollé ist eine ziemlich breite Fläche, die ganz besät mit kleinen Felsblöcken ist, welche kolossalen Pflastersteinen gleichen; ein dichtes kurzes Gras sproßt in den Zwischenräumen. Dieser steile Abhang erhebt sich sechszig Fuß hoch über dem Meeresspiegel. Eine natürliche Treppe von kleineren Granit = Felsblöcken gebildet, führt bis zum Gipfel hinauf. Diese Treppe bietet große Schwierigkeiten;

es gehören Riesenschritte oder Clown-Sprünge dazu, sie zu ersteigen.

Es mochte um die fünfte Abend-Stunde sein, als ein Mann, in einen weiten Uniform-Mantel gehüllt, dessen scharfwinkelige Falten verriethen, daß er Waffen darunter trug, am äußersten Rande dieses Abhanges stand. Er hatte ein Fernrohr in der Hand, und beobachtete mit großer Aufmerksamkeit die Bewegungen eines Schiffes, welches schon seit einer Stunde den Hafen von St. Malo verlassen hatte, doch anstatt die hohe See zu gewinnen, sich hinter den Dünen gleichsam versteckt hielt. Es war ein Dreimaster. Es hatte nicht Anker geworfen, vielleicht weil der Meeresgrund an dieser Stelle es nicht gestattete, sondern sich darauf beschränkt, aufzubrassen.

Der Mann, welchen sein Uniform-Mantel als einen von der Küstenwache bezeichnete, verlor das Schiff nicht einen Augenblick aus den Augen.

Es war noch heller Tag; besonders auf dem Meere und auf dem hohen Felsgestade; unten am Fuße des Felsens begann es allmälig zu dunkeln.

Der Küstenwächter war so vertieft in seine Be-

ſchäftigüng, daß er weder rück= noch vorwärts ſah,
ſondern ſeine ganze Aufmerkſamkeit auf den Gegen=
ſtand ſeiner Beobachtung richtete. Er bemerkte daher
nicht, daß ſich auf der Felſentreppe, welcher er den Rücken
zuwandte, Etwas bewegte. Hinter einer der Krüm=
mungen jener Treppe befand ſich ein Mann, der
jedenfalls ſchon vor der Ankunft des Küſtenwächters
an dieſer Stelle verſteckt geweſen war.

Von Zeit zu Zeit trat derſelbe aus ſeinem Ver=
ſteck hervor, und beobachtete den Beobachter auf der
Zinne des Felſens. Dieſer verſteckte Späher trug
einen breitkrämpigen amerikaniſchen Hut, ſein Aeußeres
verrieth einen Quäker. Es war derſelbe, welchen
Sieur Clubin zehn Tage vorher zwiſchen den Felſen
der kleinen Bucht mit dem Capitain Zuela ſprechen
ſah.

Plötzlich ſchien ſich die Aufmerkſamkeit des
Küſtenwächters zu verdoppeln. Er putzte ſchnell mit
dem Tuch ſeines Aermels das Glas ſeines Fern=
rohrs, und richtete daſſelbe unverwandt auf den Drei=
maſter.

Ein ſchwarzer Punkt hatte ſich von dieſem ab=

gelöft; biefer fchwarze Punkt, ähnlich einer Ameife
auf bem Meere, war ein Kahn. Einige Matrofen
waren in biefes kleine Fahrzeug geftiegen, unb ruber=
ten mit aller Kraft bem Lanbe zu.

Die Aufmerkfamkeit bes Küftenwächters hatte
ben höchften Grab erreicht, als plötzlich ber kleine
Nachen eine fchräge Richtung nahm, unb fich bem
äußerften Ranbe bes Felsvorfprungs näherte.

In biefem Augenblick erfchien ber Quäker in
feiner ganzen Länge oben auf ber Treppe. Der Wächter
fah ihn nicht. Mit herabhängenben Armen, geballten
Fäuften unb mit bem Blick eines Jägers, welcher
zielt, betrachtete biefer Mann ben Rücken bes Küften=
wächters. Nur vier Schrit war er von ihm entfernt.
Er that behutfam einen Schritt vorwärts, bann ftanb
er ftill. Er that einen zweiten Schritt, bann blieb
er wieber ftehen. Er machte keine anbere Bewegung
als bie bes Gehens, fonft blieb fein ganzer Körper
unbeweglich wie eine Bilbfäule. Sein Fuß trat ge=
räufchlos auf bas Gras, jetzt that er ben britten
Schritt unb blieb wieberum ftehen. Jetzt ftanb er
ganz bicht hinter bem Küftenwächter, ber noch immer

unbeweglich durch sein Fernrohr blickte. Langsam er=
hob der Mann jetzt seine beiden fest geschlossenen
Hände bis zu der Höhe seiner Achseln, ließ dann
plötzlich den Vorderarm fallen, und seine Fäuste tra=
fen, wie aus der Pistole geschossen, die Schultern des
Küstenwächters. Der Stoß war furchtbar.

Der Küstenwächter hatte nicht Zeit zu schreien.
Er fiel kopfüber den Abhang hinunter, in's Meer.
Einen Augenblick sah man noch seine beiden Sohlen.
Es war, als wenn ein Stein in das Wasser fiel.
Die Wogen schlossen sich über ihm.

Zwei oder drei Kreise bildeten sich in dem dun=
keln Wasser.

Das Einzige, was von ihm übrig blieb, war
das Fernrohr, welches seinen Händen entfallen, im
Gras am Boden lag.

Der Quäker beugte sich über den Rand des Ab=
hanges, beobachtete, wie die Kreise in den Fluthen
sich allmälig verloren, wartete noch einige Minuten,
murmelte dann, sich wieder aufrichtend, halb singend
in den Bart:

Einer von der Polizei
Brach sich das Genick entzwei.

Er beugte sich noch einmal hinab. Es war nichts mehr zu sehen. Nur auf der Stelle, wo der Küsten-wächter versunken war, zeigte sich jetzt auf der Ober-fläche des Wassers eine bräunliche Färbung. Wahr-scheinlich hatte sich der in das Meer Gestürzte den Schädel an irgend einer Klippe unter dem Wasser zerschmettert, und es war sein heraufsteigendes Blut, das die Wogen an jener Stelle dunkler färbte. Als der Quäker die röthliche Lache bemerkte, sang er:

Und vor einer Viertelstund
War der Mann noch . . . .

Er endigte nicht.

Er vernahm hinter sich eine sehr sanfte Stimme, die ihn anredete:

— Ah! Ihr seid es, Rantaine! Guten Abend! Ihr habt soeben einen Mann getödtet. Er wandte sich um. Fünfzehn Schritte hinter ihm, am Aus-gang einer von Felsen gebildeten Grotte stand ein kleiner Mann, der einen Revolver in der Hand hielt.

Er antwortete: Wie Ihr seht. Guten Abend, Sieur Clubin.

Der kleine Mann begann zu zittern.

— Ihr erkennt mich?

— Habt Ihr mich doch auch erkannt! — er= wiederte Rantaine. Inzwischen vernahm man vom Meere her das Geräusch von Ruderschlägen. Es war das Boot, welches der Küstenwächter beobachtet hatte, und das sich jetzt näherte.

Sieur Clubin sagte mit leiser Stimme, als spräche er mit sich selber:

— Es ging schnell!

— Was steht Euch zu Diensten? fragte Rantaine.

— Nicht viel. Es sind jetzt gerade zehn Jahre, daß ich Euch nicht gesehen habe. Ihr müßt gute Geschäfte gemacht haben. Wie geht es Euch?

— Gut, erwiederte Rantaine. Und Euch?

— Sehr gut, antwortete Sieur Clubin.

Rantaine ging einen Schritt gegen Sieur Clu= bin vor. Er vernahm ein leises Knacken. Sieur Clubin spannte den Hahn seines Revolvers.

— Rantaine, sagte er, wir sind fünfzehn Schritte

auseinander. Das ist eine gute Entfernung. Bleibt, wo Ihr seid.

— Ach was! Was wollt Ihr von mir?

— Ich will ein wenig mit Euch plaudern.

Rantaine rührte sich nicht von der Stelle.

Sier Clubin fuhr fort:

— Ihr habt so eben einen Küstenwächter getödtet.

Rantaine lüftete seinen Hut und antwortete: Ihr habt mir bereits die Ehre erwiesen, es mir zu sagen.

— Ich hatte mich nicht ganz deutlich ausgedrückt. Ich hatte gesagt: einen Mann. Jetzt sage ich: einen Küstenwächter. Es war No. 619. Er war Familienvater, und hinterläßt eine Frau und fünf Kinder.

— Das kann sein, sagte Rantaine.

Es folgte eine unmerkliche Pause.

— Die Küstenwächter sind auserlesene Leute, sagte Clubin. Es sind fast lauter ehemalige Seeleute.

— Ich habe bemerkt, sagte Rantaine, daß in der Regel eine Frau und fünf Kinder zurückbleiben.

— Sieur Clubin fuhr fort: "Rathet einmal, was dieser Revolver gekostet hat.

— Es ist eine schmucke Waffe, erwiederte Rantaine.

— Wie hoch schätzt Ihr ihn?

— Ich schätze ihn hoch.

— Er hat mich hundert und vier und vierzig Francs gekostet.

— Ihr hättet das Ding, sagte Rantaine, in dem Waffenladen im Coutanchez-Gäßchen kaufen sollen.

Clubin erwiederte:

— Er hat nicht geschrieen. Der Fall benimmt die Stimme.

— Sieur Clubin, wir werden diese Nacht eine Brise bekommen.

— Ich bin allein in das Geheimniß einge=weiht.

— Verkehrt Ihr noch immer in dem Wirths=haus am Hafen? fragte Rantaine.

— Ja. Es ist ganz gut dort.

— Ich erinnere mich, einmal vortreffliches Sauer=kraut dort gegessen zu haben.

— Ihr müßt außerordentlich kräftig sein, Rantaine. Ihr habt ein paar Schultern! Ich möchte
keinen Nasenstüber von Euch haben! Als ich zur
Welt kam, war ich so gebrechlich, daß man nicht
glaubte, mich am Leben zu erhalten.

— Es ist doch gelungen. Das ist ein Glück!

— Ja, ich verkehre noch immer in dem alten
Wirthshaus am Hafen.

— Wißt Ihr auch, Sieur Clubin, warum ich
Euch erkannt habe? Weil Ihr mich erkannt habt.
Ich sagte mir: Das kann nur Clubin!

Er ging einen Schritt vor.

— Stellt Euch wieder dahin, wo Ihr gestanden
habt, Rantaine.

Rantaine wich zurück, und sagte leise für sich:

— Vor so einer Maschine wird man wie ein
Kind.

Sieur Clubin fuhr fort:

— Orientiren wir uns. Wir haben zur Rechten,
ungefähr dreihundert Schritte von hier, nach der Seite
von St. Enogat einen andern Küstenwächter, Nr. 618,
der noch lebendig ist, und zur Linken, nach der Seite

von St. Lunaire eine Zollwache. Das macht sieben bewaff=
nete Männer, die in fünf Minuten hier sein können. Der
Felsen wird umstellt, der Engpaß bewacht, es ist nicht
möglich zu entfliehen. Am Fuß des Abhangs ist
eine Leiche.

Rantaine warf einen Seitenblick auf den Re=
volver.

— Wie Ihr sagt, Rantaine, es ist eine schmucke
Waffe. Vielleicht ist er nur mit Pulver geladen.
Gleichviel; ein Schuß genügt, um die bewaffnete
Macht herbeizurufen. Ich habe sechs Schüsse darin.

Das regelmäßige Geräusch der Ruderschläge
wurde immer vernehmbarer; das Boot war nicht
mehr fern.

Der große Mann fixirte den Kleinen mit einem
eigenthümlichen Blick.

Sieur Clubin's Stimme wurde immer ruhiger
und sanfter.

— Rantaine, sagte er, wenn die Männer in dem
Boot, das sogleich anlegen wird, wüßten, was Ihr
so eben gethan habt, würden sie den Andern hülfreiche
Hand leisten, Euch fest zu nehmen. Ihr bezahlt dem

Capitain Zuela-zehn tausend Francs für die Ueberfahrt. Beiläufig gesagt, hättet Ihr es billiger haben
können, wenn Ihr Euch an die Schmuggler von
Plainmont gewandt hättet; aber diese hätten Euch
nur bis England gebracht, und außerdem könnt Ihr
nicht wagen nach Guernesey zu gehen, wo man die
Ehre hat Euch zu kennen. Kommen wir also auf die
Sachlage zurück. Wenn ich Feuer gebe, so werdet
Ihr festgenommen, Ihr bezahlt dem Zuela dafür, daß
er Euch zur Flucht verhilft, zehn tausend Francs.
Fünf tausend habt Ihr ihm schon im Voraus gege-
ben. Zuela könnte die fünf tausend Francs behalten,
und sich damit aus dem Staube machen. So steht's!
Rantaine, Ihr habt eine gute Maske gewählt, dieser
Hut, dieser närrische Anzug, diese Gamaschen machen
Euch völlig unkenntlich. Ihr habt nur noch die
Brille vergessen. Ihr habt wohl gethan, Euch einen
Backenbart wachsen zu lassen.

Rantaine lächelte. Dieses Lächeln glich ziemlich
einem Grinsen.

Clubin fuhr fort:

— Rantaine, Ihr tragt amerikanische Beinkleider; mit doppelten Tragbändern. In dem einen dieser Tragbänder befindet sich Eure Uhr. Ihr mögt sie behalten.

— Danke, Sieur Clubin!

— In dem andern ist eine kleine eiserne Dose, welche sich vermittelst einer Feder öffnet und schließt. Es ist eine alte Matrosen-Tabaksdose. Zieht sie aus Eurem Tragband hervor und werft sie mir zu.

— Das ist ja ein Diebstahl!

— Ich hindere Euch nicht, die Wache zu rufen. Indem er das sagte, sah Clubin ihm fest ins Auge.

— Hört Meß Clubin . . . ., sagte Rantaine, indem er einen Schritt vorwärts that und Clubin seine offene Hand entgegenstreckte.

Meß war eine Schmeichelei.

— Bleibt wo Ihr seid, Rantaine!

— Meß Clubin, verständigen wir uns. Ich biete Euch die Hälfte.

Sieur Clubien verschränkte seine Arme so, daß der blanke Lauf seines Revolvers hervorblitzte.

— Rantaine, wofür haltet Ihr mich? Ich bin ein Ehrenmann.

Nach einer kurzen Pause setzte er hinzu: Ich muß das Ganze haben, Rantaine.

Rantaine murmelte zwischen den Zähnen: Der Kerl ist ein wahrer Seeräuber!

Clubin's Augen leuchteten auf, seine Stimme wurde klar und schneidend wie scharf geschliffener Stahl.

Er rief:

— Ich sehe, Ihr seid im Irrthum. Ihr heißet Diebstahl. Ich heiße: Wiedererstattung. Rantaine, hört mich an. Vor zehn Jahren habt Ihr bei Nacht und Nebel Guernesey verlassen. Von den hundert tausend Francs, welche ihr damals mitnahmt, waren nur fünfzig tausend Euer Eigenthum. Die andern fünfzig tausend habt Ihr Eurem Wohlthäter und Geschäftsgenossen, dem biedern vortrefflichen Meß Lethierry gestohlen. Diese fünfzig tausend Francs mit zehnjährigen Zinsen, das macht achtzig tausend sechs hundert und sechszig Francs und sechsundsechszig Centimes. Gestern wart Ihr bei einem Wechsler. Ich will ihn Euch nennen; er heißt Rebuchet und wohnt in der Straße St. Vincent. Ihr habt ihm

20*

sechs und siebenzig tausend Francs in französischen
Banknoten bezahlt und erhieltet dafür von ihm drei
englische Tausend-Pfund-Noten. Diese drei englischen Banknoten verwahrt ihr in der eisernen Dose
und die eiserne Dose in Eurem rechten Trageband.
Diese drei Banknoten betragen fünf und siebenzig
tausend Francs. Im Namen Meß Lethlerry's will
ich mich damit begnügen. Ich reise Morgen nach
Guernesey, und will sie ihm überbringen. Raintaine,
der Dreimaster da unten ist der Tamaulipas. Ihr
habt in voriger Nacht Eure Kisten und Kasten zwischen
dem Gepäck der Mannschaft dort untergebracht. Ihr
wollt Frankreich verlassen, und Ihr habt Eure
Gründe dazu. Ihr geht nach Arequipa. Das Boot
kommt, Euch abzuholen. Ihr erwartet es hier. Von
mir mir hängt es ab, Euch fest zu halten, oder reisen
zu lassen. Genug der Worte. Werft uns die eiserne
Dose zu.

Rantaine öffnete sein Tragband, zog eine kleine
Dose hervor und warf sie Clubin zu. Es war die
eiserne Dose. Sie rollte zu Clubins Füßen.

Clubin bückte sich danach, ohne den Kopf zu

neigen, und hob, seine zwei Augen und seine sechs
Revolverläufe fest auf Rantaine gerichtet, mit der
Linken die Dose auf.

Dann rief er:

— Kehrt mir den Rücken, Freund!

Rantaine gehorchte.

Clubin schob den Revolver unter den linken Arm
und drückte auf die Feder der Dose. Sie sprang auf.

In der Dose lagen die drei Tausend-Pfund-
Noten und eine Zehn-Pfund-Note.

Er faltete die drei Tausend-Pfund-Noten wieder
zusammen, legte sie in die Dose, schloß dieselbe und
steckte sie in seine Tasche.

Dann nahm er einen Kieselstein von der Erde,
wickelte die Zehn-Pfund-Note um denselben und sagte:

— Kehrt Euch wieder um!

Rantaine that es.

Sieur Clubin sprach:

— Ich habe Euch gesagt, daß ich mich mit den
Tausend-Pfund-Noten begnügen würde. Nehmt diese
Zehn-Pfund-Note zurück.

Dabei warf er die Note mit dem Kieselstein Rantainen zu.

Rantaine schleuderte Beides mit einem Fußtritt in's Meer.

— Ganz nach Belieben! rief Clubin. Aber Ihr müßt sehr reich sein. Das beruhigt mich.

Das Geräusch der Ruderschläge, welche während dieses Gespräches der beiden Männer immer vernehmbarer geworden war, hörte plötzlich auf. Das Boot hatte am Fuße des Abhangs angelegt.

— Euer Fiacre ist unten, Ihr könnt abreisen, Rantaine.

Rantaine wandte sich nach der Treppe und stieg hinab. Clubin näherte sich vorsichtig dem Rand des Abhangs, und mit vorgebeugtem Haupte sah er ihn hinabsteigen. Das Boot hatte auf derselben Stelle angelegt, wo der Küstenwächter hinabgestürzt war.

Als Clubin Rantaine hinunterklettern sah, murmelte er leise vor sich hin:

— Arme Nummer Hundertundneunzehn! — Er glaubte sich allein. Rantaine glaubte, zu Zweien zu sein. Ich allein wußte, daß wir unser Drei waren.

Sein Blick fiel auf das zu seinen Füßen liegende Fernrohr, das der Küstenwächter hatte fallen lassen. Er hob es auf.

Das Geräusch der Ruderschläge begann von Neuem. Rantaine war in das Fahrzeug gestiegen. Das Boot suchte das Weite.

Nach den ersten Ruderschlägen des sich von dem Abhang entfernenden Bootes sprang Rantaine plötzlich in die Höhe; seine Miene war entsetzlich, er ballte krampfhaft die Faust und kreischte wild: — Ha, der Teufel selber ist eine Canaille!

Einige Sekunden später hörte der auf dem Rand des Abhangs stehende und das Boot mit dem Fernglas beobachtende Clubin folgende mit starker Stimme vernehmlich gesprochenen Worte:

— Sieur Clubin, Ihr seid ein braver Mann; aber Ihr werdet es in der Ordnung finden, daß ich an Meß Lethierry schreibe, um ihn von der Sache in Kenntniß zu setzen. In dem Boot befindet sich ein Matrose, der zu der Mannschaft des Tamaulipas gehört; er ist aus Guernesey, heißt Ahier-Tostevin, und wird mit dem Capitain Zuela bei dessen nächster

Fahrt nach St. Malo zurückkommen. Er wird be=
zeugen, daß ich Euch die Summe von 3000 Pfund
Sterling für Meß Lethierry eingehändigt habe.

Es war Rantaine's Stimme.

Sieur Clubin war aber nicht der Mann der
halben Maßregeln. Unbeweglich, das Auge unver=
wandt an das Fernglas geheftet, ganz so wie vor
ihm der Küstenwächter, stand er auf derselben ver=
hängnißvollen Stelle, und sah das Boot immer kleiner
und kleiner werden. Er sah es verschwinden und
wieder auftauchen; er sah, wie es sich dem Tamau=
lipas näherte, wie es anlegte; er sah endlich die kräf=
tige Gestalt Rantaine's auf dem Verdeck des Ta=
maulipas.

Als das Boot wieder eingebracht war, stach der
Tamaulipas in See. Ein frischer Wind blähte die
wieder aufgehißten Segel. Een halbe Stunde später
war der Tamaulipas nur noch ein kleiner schwarzer
Punkt am Horizont, der sich in der immer tiefer wer=
denden Dämmerung balb ganz verlor.

———

Neuntes Capitel.

Der Briefkasten des Oceans.

An diesem Abend kam Sieur Clubin spät nach
Hause. · Eine der Ursachen seiner Verspätung war,
daß er noch vor seiner Rückkehr ein Wirthshaus vor
dem Dinan=Thor besucht hatte. Er kaufte in diesem
entlegenen Hause, wo man ihn nicht kannte, eine
Flasche Branntwein; dann stattete er der Durande
noch einen Besuch ab, um sich zu überzeugen, ob für
die Abfahrt am nächsten Morgen Alles bereit sei.

Als Sieur Clubin in das Wirthshaus am Hafen
trat, fand er Niemanden als den Capitain Gertrais=
Gaboureau in der Wirthsstube, der, sein Pfeifchen
schmauchend, bei einem Schoppen saß.

Herr Gertrais=Gaboureau, der eben den Mund

an den Rand seines Glases gesetzt hatte, winkte zwi=
schen Schoppen und Rauchwolke mit den Augen
Sieur Clubin einen Gruß zu.

— Good bye, Capitain Clubin!

— Guten Abend, Capitain Gertrais!

— Nun ist der Tamaulipas ja abgesegelt.

— So? erwiederte Clubin; ich habe nicht darauf
geachtet.

Herr Gertrais spuckte aus, und sagte:

— Zuela ist durchgerannt.

— Wann denn?

— Diesen Abend.

— Wohin geht er?

— Zum Teufel.

— Ohne Zweifel. Aber wohin?

— Nach Arequipa.

— Ich wußte nichts davon, erwiederte Clubin.

Er fügte hinzu:

— Ich gehe jetzt zu Bette.

Er zündete sein Licht an, ging nach der Thür,
kehrte aber wieder zurück und sagte:

— Wart Ihr schon ein Mal in Arequipa, Capitain Gertrais?

— Ja, vor Jahren.

— Wo wird denn angelegt?

— Ueberall, wo man will. Aber der Tamaulipas wird nirgends anlegen.

Capitain Gertrais-Gaboureau klopfte die Asche seiner Pfeife auf den Rand eines Tellers aus, und fuhr fort:

Ihr erinnert Euch wohl des Wallfischfängers „das trojanische Pferd", und des Dreimasters Trentemouzin, die nach Cardiff segelten? Ich warnte Beide, nicht abzureisen, denn ich verstehe mich, wie Ihr wißt, ein wenig auf's Wetter. Sie haben nicht auf mich gehört, und mußten's büßen; sie sind in einem schönen Zustand wieder gekommen. Das „Trojanische Pferd" hatte Wasser geschluckt; es war mit Terpentin beladen. Man pumpte das Wasser mit sammt dem Terpentin heraus. Der Dreimaster lief in einem schauerlichen Zustand in den Hafen ein. Der Schiffsschnabel, der Ankerstock am Backbord, Alles zerbrochen; die Spiere des großen Vorstagsegels, die Bugsierthaue unb bie Krahnbalken, alles zum Teufel gegangen; sämmtliches Eisen am Bugsprit fehlte. Der Backborb hatte furchtbaren Leck. So geht es benen, bie keinen guten Rath aunehmen wollen.

Clubin hatte sein Licht auf ben Tisch gestellt, unb beschäftigte sich mit einigen Nabeln, bie er balb aus seinem Rockkragen heraus zog, balb wieber hinein steckte.

— Sagtet Ihr nicht vorhin, Capitain Gertrais, ber Tamaulipas würbe nirgenb anlegen?

— Nein, er geht gerabes Weges nach Chili.

— In biesem Fall würbe er also unterwegs keine Nachrichten von sich geben können?

— Das habe ich nicht gesagt. Erstens kann er allen Schiffen, benen er begegnet, unb bie nach Europa gehen, Nachrichten mitgeben.

— Das ist wahr.

— Dann hat er auch noch ben Briefkasten bes Oceans.

Den Briefkasten bes Oceans? Was meint Ihr bamit?

— Wie? Ihr kennt nicht ben Briefkasten bes Oceans?

— Nein.

— Wenn man die Magellanstraße passirt.

— Nun?

— Das ist eine Strecke, die keine vier Sous werth ist; überall Schnee, beständig Unwetter, Regen, Hagel und böse Winde.

— Und weiter?

— Wenn Ihr das Cap Monmouth umsegelt habt —

— Nun? Weiter!

— So kommt Ihr an das Cap Valentin —

— Weiter!

— Dann an das Cap Isidor —

— Weiter!

— Dann müßt Ihr das Vorgebirge Anna umsegeln.

— Gut. Aber was meintet Ihr mit dem Briefkasten des Oceans?

— Wir sind gleich da. — Berge zur Rechten, Berge zur Linken; überall Fettgänse und Sturmvögel; ein furchtbarer Ort! Tausend Heilige und tausend Affen! Ist das ein Lumpenpack! Wie das klappert!

Hier braucht man dem Winde nicht mit Segeln zu
Hülfe zu kommen; hier heißt es: aufgepaßt! Das
Barkholz der Heckbalken in Acht genommen! Das
große Segel wird hier mit dem Vorstagsegel ver=
tauscht. Hu! Windstoß auf Windstoß! und dann
manchmal vier, fünf, sechs Tage Windstille! Ihr
bringt Charpie mit nach Hause, und wenn Ihr das
schönste neue Spiel Segel mitgenommen habt. Das
ist ein schöner Tanz! Der größte Dreimaster springt
wie ein Floh auf den Wogen herum. Ich sah mit
an, wie ein kleiner Schiffsjunge auf der englischen
Brigg True=blue mit sammt dem Katerbaum zu allen
fünf tausend Millionen Kreuz Donnerwettern fuhr.
Wie ein Schmetterling flatterte er in der Luft. Ach,
und diese Teufelsküste! Es giebt nichts Abschrecken=
deres, nichts Unwirthlicheres! Felsen so zackig als
hätten sie Kinder ausgeschnitten. Aber das ist noch
Nichts; kommt nur erst an den Port Famine, da ist
es schlimmer als schlimm! Wogen so holperig wie
Ihr noch niemals welche weder gesehen noch befahren
habt! Eine wahre Hölle von einem Seestrich. Und
an diesem schauerlichen Ort kommt Euch urplötzlich,

Ihr wißt nicht wie, ein Ding vor die Augen, worauf mit roth gemalten Buchstaben: Post-Office zu lesen ist.

— Was soll das heißen, Capitain Gertrais?

— Das will ich Euch sagen, Capitain Clubin. Sobald Ihr das Vorgebirge Anna umschifft habt, seht Ihr auf einem Kiesel von hundert Fuß Höhe einen großen Stock. Es ist ein Pfosten, dem man ein Faß an den Hals gebunden. Dieses Faß ist der Briefkasten. Die Herren Engländer konnten es nicht unterlassen, ihr „Post-Office" darauf zu schreiben. In was mischen die sich nicht? Das ist die Oceanspost. Sie gehört nicht etwa dem Gentleman, dem König von England. Sie ist Gemeingut; sie gehört sämmtlichen Flaggen des Oceans. „Post-Office" ist das nicht fast chinesisch? Das ist ungefähr, als wenn der Teufel Euch urplötzlich eine Tasse Thee reichte.

— Wie aber wird es mit diesem Briefkasten gehalten?

— Nichts einfacher als das. Jedes vorüberfahrende Schiff expedirt sein Boot mit Depeschen. Die Schiffe, welche aus Amerika kommen, nehmen die

Briefe mit, die für Europa bestimmt sind, und umge=
kehrt nehmen die Schiffe, welche aus Europa kommen,
die Briefe für America mit. Jedes ausgesendete
Boot wird von einem Officier befehligt; dieser legt
das Briefpacket seines Schiffes in die Tonne, und
nimmt dafür das Packet, welches er därin vorfindet.
Ich nehme Eure Briefe mit nach America, Ihr nehmt
dafür die Meinigen mit nach Europa, und umgekehrt.
Nichts ist einfacher als das. Die Tonne ist durch
eine Kette an dem Pfosten befestigt; sie ist durch einen
festen Deckel wohl verwahrt, der aber sonst weder
Schloß noch Riegel hat. Ihr seht also, Capitain,
daß auch das Meer seinen Briefkasten hat, und Ihr
könnt Euch versichert halten, daß die Briefe ankom=
men, die Ihr an Eure überseeischen Freunde schreibt,
und daß auch die Eurer Freunde richtig an Eure
Adresse gelangen.

   — Das ist sehr sonderbar, murmelte träumerisch
Sieur Clubin.

   Nach Beendigung dieser seiner anstrengenden
Rede sprach Capitain Gertrais=Gaboureau von Neuem
seinem Schoppen zu.

— Wenn es dem Schuft Zuela einfallen sollte, mich mit seinem Geschreibsel zu belästigen, so habe ich in einem Zeitraum von vier Monaten das Gekritzel dieses Lumpenhundes hier. — A propos, Capitain Clubin, reist Ihr Morgen?

Sieur Clubin hörte nichts; er befand sich in einer Art traumwachen Zustandes.

Capitain Gertrais-Glaboureau wiederholte seine Frage.

Clubin erwachte.

— Gewiß reise ich Morgen, Capitain. Es ist ja mein Tag; ich muß morgen reisen.

— Ich an Eurer Stelle reiste Morgen nicht. Schon seit zwei Nächten umflattern die Meervögel den Leuchtthurm. Das ist ein schlimmes Zeichen. Mein Sturmglas prophezeit auch nichts Gutes. Wir sind im zweiten Octant des Mondes; das ist das Maximum der Feuchtigkeit. Die Pimpinelle schließt die Blätter, die Regenwürmer kriechen aus der Erde, die Mücken stechen, die Bienen verlassen ihren Korb nicht, die Sperlinge stecken die Köpfe zusammen und halten Rath mit einander; man hört den Ton der fernen Glocken, ich hörte diesen Abend das „Angelus" von St. Lunaire. Die Sonne ist bleich untergegangen. Lauter böse Vorboten. Ich sage Euch, Capitain, bleibt Morgen ruhig an Bord. Wir haben einen furcht=baren Nebel zu erwarten. Nebel ist schlimmer als Sturm. Der Nebel ist ein heimtückischer Duck=mäuser.

Ende des ersten Bandes.

Inhaltsverzeichniß
des erften Bandes.

Erfter Theil: Herr Clubin.

Erftes Buch.
Worauf ein fchlechter Ruf fich gründet.